Donoso después de Donoso

HISPANO-AMERICANA

GESCHICHTE, SPRACHE, LITERATUR

BAND 69

PETER LANG

Juan Antonio González Fuentes / Dámaso López García
(eds.)

Donoso después de Donoso

PETER LANG

Bibliografische Information der Deutschen Nationalbibliothek
Die Deutsche Nationalbibliothek verzeichnet diese Publikation in der Deutschen Nationalbibliografie; detaillierte bibliografische Daten sind im Internet über http://dnb.d-nb.de abrufbar.

Sponsored by Fundación Chile-España

Gedruckt auf alterungsbeständigem, säurefreiem Papier.
Druck und Bindung: CPI books GmbH, Leck

ISSN 0943-6022
ISBN 978-3-631-80547-3 (Print)
E-ISBN 978-3-631-81218-1 (E-PDF)
E-ISBN 978-3-631-81219-8 (EPUB)
E-ISBN 978-3-631-81220-4 (MOBI)
DOI 10.3726/b16548

Peter Lang – Berlin · Bern · Bruxelles ·
New York · Oxford · Warszawa · Wien

Diese Publikation wurde begutachtet.

www.peterlang.com

Índice

Prólogo

La figura y obra del escritor chileno José Donoso fueron los protagonistas de la sexta edición de los tradicionales cursos de verano de literatura chilena organizados por la Fundación Chile-España, en colaboración con la Asociación Cultural Plaza Porticada, que se celebran anualmente en la Universidad Internacional Menéndez Pelayo, en la sede de Santander.

Desde joven, José Donoso fue un infatigable escritor de diarios, de los que hoy se conservan unos ochenta cuadernos de su puño y letra. El libro de su hija Pilar Donoso, *Correr el tupido velo*, aportó información sobre los diarios del segundo período, mientras que la reciente publicación *Diarios tempranos. Donoso in progress*, de Cecilia-Huidobro, pone el foco en los diarios de la primera época (1950–1965), aquellos que registran sus primeros pasos creativos y la incansable autoexploración del escritor chileno en busca de su identidad literaria.

Con el principal objetivo de analizar las nuevas luces aportadas por lo escrito en la primera época de sus diarios, García-Huidobro, una autoridad en la obra del escritor, junto al director del curso de verano, Dámaso López, y el secretario del curso, Juan Antonio González Fuentes, participaron activamente en la elaboración de esta actividad académica, "Donoso después de Donoso", eligiendo a ponentes de primer nivel que ahondaron en la vida y obra del autor desde diferentes perspectivas.

Durante dos días, reconocidos expertos de Chile y España, como el escritor y director Alberto Fuguet, el crítico literario Álvaro Bisama, el poeta Eduardo Moga, la filóloga Selena Millares y el profesor, poeta y ensayista Vicente Cervera, analizaron con rigor cada paso de la vida y obra del autor, pobladas de obsesiones personales y fantasmas que lo persiguieron en vida, a través de exhaustivas ponencias que a continuación podrán encontrar en esta publicación.

José Donoso es considerado una de las piezas clave de la llamada generación del *Boom Latinoamericano* y uno de los escritores más influyentes de las últimas décadas. Compartió escenario literario con autores latinoamericanos como Gabriel García Márquez, Julio Cortázar, Mario Vargas Llosa o Carlos Fuentes, entre otros. En su obra *Historia Personal del "boom"* (1972), ofrece una visión exhaustiva de los orígenes, influencias, filiaciones y obras de los integrantes de dicha generación de nuevos escritores con los que compartió además de vivencias, similares características lingüísticas.

Los escritores del "boom" eran grandes narradores y artistas de lo ficticio, y las historias que contaron a través de su ficción no solo iluminaron y ampliaron nuestro sentido de la realidad, sino que también fueron una inspiración para muchos. Esta transformación, contribuyó a desarrollar la originalidad y la creatividad de los escritores, ya que la invariabilidad de las narraciones de esa época, y las rígidas reglas que estaban establecidas, habían hecho dormir profundamente a la imaginación. Por ello, este curso propuso no solo el mero recuerdo del escritor chileno, sino la constatación, a partir de significativos testimonios, de la trascendencia y la riqueza narrativa de su obra, que sacudió los cimientos de la América Latina y la Europa del siglo XX, hasta el presente.

Donoso vivió una etapa muy significativa para su obra en España, donde vivió durante quince años entre Mallorca, Barcelona, Santander y, finalmente, en Calaceite (Teruel). Esta pequeña localidad, de apenas mil quinientos habitantes, se convirtió durante el lustro en que residió en ella Donoso, en la ciudad literaria a la que acudían autores como Vargas Llosa, Jorge Edwards, García Márquez, o Carlos Fuentes; cineastas como Luis Buñuel, con quien el narrador chileno planeó el rodaje de la novela *El lugar sin límit*es, y por supuesto la agente literaria Carmen Balcells o el editor Carlos Barral, que tuvieron un papel importante en esta historia de éxito para la literatura internacional. En Calaceite terminó Donoso de escribir *El obsceno pájaro de la noche*, considerada su mejor novela, la más compleja y ambiciosa, así como *Historia Personal del "boom"*, *Tres novelitas burguesas* y *Casa de campo*, una parábola que, según Donoso, había sido construida con "un 150% de imaginación".

Tras su larga etapa en España, durante la que su obra se difundió internacionalmente, José Donoso decidió regresar a Chile en 1981, donde recibió en 1990 el premio Nacional de Literatura, reconocimiento que se sumó a otros que había recibido anteriormente, como el Premio de la Crítica de España de 1979, el título de Caballero de las Artes y las Letras, otorgado por el Gobierno francés, y un año después, el de Comendador de la Orden de Alfonso X El Sabio, en España.

Con su llegada a Santiago, comenzó una nueva etapa en su trabajo literario, y su presencia en el país se convirtió en un aporte para las letras nacionales. Al igual que hizo en Iowa, donde aprendió la técnica de los talleres literarios, y que más tarde llevó a Calaceite y Sitges, Donoso importó su mítico taller de literatura en el que participaron destacados escritores como Roberto Brodsky, Carlos Franz, Marcelo Maturana y Alberto Fuguet. La enseñanza de Donoso en estos talleres fue clave para la constitución de nuevas generaciones de narradores en Chile.

José Donoso trabajó incansablemente hasta el final de sus días, nunca paró de escribir, dejando incluso muchos proyectos literarios sin terminar, corroborando así su afirmación "yo no sé vivir fuera de la literatura". Pero, como dijo Cecilia García-Huidobro, "su universo sigue revelándose después de su muerte"; y hoy, a través de sus diarios, podemos constatar que esta afirmación es una realidad. Estaba obsesionado con escribir la gran novela chilena, sin embargo, murió sin saber que la forjaba día a día en sus anotaciones.

Desde la Fundación Chile España, cuyo objetivo fundamental es fomentar las relaciones económicas, culturales, académico-científicas y sociales entre Chile y España, esperamos que este libro permita conocer un poco mejor la compleja figura de este gran autor, y hacer una relectura de sus obras, con nuevas claves que desvelen de dónde vino su inspiración.

Emilio Gilolmo
Presidente
Fundación Chile-España

Donoso después de Donoso: los diarios inéditos

Continuando con la tradición de cursos y encuentros académicos organizados, en la Universidad Internacional Menéndez Pelayo, por la Fundación Chile-España, teniendo siempre como centro de interés autores de la literatura chilena, los días 23 y 24 de julio de 2018 se celebró, en el Real Palacio de la Magdalena de Santander, con la colaboración de la Asociación Cultural Plaza Porticada, bajo la dirección de Dámaso López García, y con Juan Antonio González Fuentes como secretario, el curso *Donoso después de Donoso,* en el que, entre otras aportaciones sobre el autor chileno, se dio cuenta de algunas primeras reacciones en torno a la publicación de sus diarios inéditos.

Se sabía que el autor había dejado extensos diarios manuscritos, sobre los que recayó, al menos, parcialmente, un embargo temporal. Ahora se están publicando, poco a poco, estos diarios que contribuirán al mejor conocimiento del autor chileno. El conocimiento será mejor, sin duda, porque hará más completo lo que se sabe sobre el autor de *El obsceno pájaro de la noche.* La información no llegará de la mano de terceras personas, sino que el propio autor llevará al lector aquello que estaba destinado a ser un recuerdo privado, lo que eran unas confesiones personales, los soliloquios en los que se expresaba el escritor sin el temor de la autocensura o de la censura, y sin el riesgo de la publicación inmediata. El autor convida al lector a adentrarse en estos diarios, cuyas palabras se encierran en un recinto en el que nunca antes se había permitido ingresar a nadie. Los diarios suelen ser la expresión de la más alta libertad a la que acceden los escritores. Virginia Woolf sería para muchos una escritora muy diferente de la que conocen sus lectores si no hubiera escrito sus valiosos diarios. Pero, por otra parte, caben las conjeturas sobre qué clase de autor se le revelaría el lector si, repentinamente, se hallasen unos diarios inéditos de Jorge Luis Borges. Virginia Woolf y Jorge Luis Borges fueron objeto de estudio detenido por parte de José Donoso. Proporcionan un buen ejemplo de los límites y posibilidades de la mayor transparencia y de la mayor opacidad. José Donoso, a diferencia de otros escritores del “boom”, eligió la transparencia.

Hay diferentes aspectos de estos diarios que despiertan la atención del lector. Pero es eminente entre ellos el que pertenece a las fuentes de inspiración y al taller o a la cocina del autor. El taller es el lugar en el que se hacen las pruebas, en el que se toman decisiones, es donde se organiza un trabajo que se extiende sobre la mesa del calendario. Ese taller es el espacio de la poética, es donde el autor expone sus ideas y les da la forma que exigen las obras que escribe. Y ese lugar es también cocina, porque las decisiones no se toman sobre entidades abstractas o partes que hay que ensamblar de forma rutinaria para crear una máquina más compleja. No, la cocina necesita ingredientes y se elabora mediante la modificación de estos, con su contaminación, su absorción, con el roce, con las mezclas de opuestos y complementarios, y todo ello sometido a un fuego que purifica y modifica, que aumenta o disminuye, que se extiende en el tiempo a muy baja temperatura o se arrebata en breves e intensas llamas. La cocina tiene siempre un punto de azar que el cocinero nunca controla por completo. Las decisiones del autor, sí, se toman sobre elementos discretos, pero es en el estado final de la elaboración en el que se aprecia, verdaderamente, si el plato es comestible o, por el contrario, no ha cuajado en la forma deseada. Este gran apartado de los diarios arroja una luz nueva sobre la obra de Donoso. No es solo que ofrezca una poética exhaustiva del autor, sino que, además, permite al crítico medir la obra frente a las intenciones expresas del autor.

Hay otros dos aspectos que solicitan la atención del lector. El primero, sin duda, tiene que ver con la crítica literaria. Es en los diarios donde el autor, en la soledad del estudio, con la conciencia de que sus palabras reflejan algo que en público pediría toda suerte de cautelas y matizaciones y que nunca se escribirían de igual forma si alcanzaran a imprimirse, es en esa soledad donde se enuncian pronunciamientos categóricos o se incurre en ironía, en sarcasmo o, incluso, en vehemencia. Hay un rico material que adorna al autor con esos juicios que son más propios de las tertulias, que son más bien orales, pero que tienen todo el humor y el ingenio de la espontaneidad. Son afirmaciones tan rotundas como sorprendentes las que llaman la atención del lector. Por ejemplo, hablando sobre Pío Baroja, dice Donoso: "En primer lugar me parece simplemente tonto". En cuanto a sus *Memorias*, las de Baroja, Donoso opina que "son simplemente idiotas". Pero, a pesar de estos juicios, el narrador chileno halla un extraño gusto y complacencia en lo que acaba de caracterizar de la forma precedente: "Y sin embargo Baroja tiene algo seductor. ¿Qué será? Voy a esperar un poco para pronunciarme". Reducir, sin embargo, las opiniones de Donoso a unos cuantos comentarios provocadores sería un grave error. Es impresionantemente larga la nómina de los autores de los que da cuenta, que ha leído o que va a leer, autores que le han gustado o, por el contrario, autores que ha hallado mal representados por su fama. En todas sus apreciaciones hay un elemento de juicio que inmediatamente se relaciona en el ánimo del diarista con su propia obra. Y es doblemente interesante comprobar en qué medida las lecturas de Donoso fertilizan o condicionan su obra creativa: "Bronté y Austen. Lo fortuito en el arte de escribir, de cómo uno se descubre amando u odiando o prefiriendo objetos que no sabía que le significaban eso".

En segundo lugar, está ese gran apartado, oceánico en su dimensión, de la persona, de la personalidad del autor, comprometida por su infancia, por su familia, por las relaciones establecidas en la vida adulta. Este capítulo de la experiencia de la lectura de los diarios hace llegar las olas de sus mareas hacia las diferentes playas de la experiencia literaria que representa la figura de José Donoso. Está en primer lugar su familia de procedencia, con sus elaborados recuerdos de la infancia, con su melancolía a la que riegan las aguas literarias de la prosa francesa. Pero está también su propia familia, su esposa y su hija adoptada, a quienes se comprende mejor desde el punto de vista del autor, mediado por el psicoanálisis. Y está la crónica social que se desenvuelve en los medios académicos y en las actividades sociales que, desde Chile, llevan a Donoso a Estados Unidos, a España, a México, a Francia, a Italia. Las personas a las que el escritor conoce en todos estos lugares dejan una huella honda o transitoria en sus diarios. Y el "boom" se conoce a través de sus páginas en una dimensión que se añade a los muchos otros retratos que se han hecho de la época y de los personajes. La crónica social se relaciona sin dificultad con la reflexión estética y con el juicio crítico sobre el arte.

Las aportaciones del encuentro académico *Donoso después de Donoso*, se proponen revisar la imagen del escritor después de que la nueva información hiciera nacer un nuevo Donoso, modificada ya su fama por las aportaciones del imprescindible libro de su hija adoptiva, Pilar Donoso, *Correr el tupido velo* (Alfaguara, 2010), y, posteriormente, por el conocimiento, ya sin mediaciones, de la edición y publicación de los diarios del novelista.

Álvaro Bisama busca en los textos del autor y en sus intereses declarados, el punto de unión entre el autor y sus personajes, porque "la obra de Donoso habla de cuerpos", y Bisama levanta el mapa de la geografía de sus cuerpos, de su ruina, de su enfermedad, de su mutilación, su decadencia, su muerte. "A veces, lo que le sucede se extiende a la casa en la que habitan o a la geografía del país completo". El cuerpo es el cuerpo del autor y el de los personajes, y es el cuerpo social, y a través de los cuerpos se llega a un diagnóstico tanto del autor como de la sociedad. El título del ensayo, "Donoso: país de monstruos", muestra en su ambigüedad un país, el del escritor Donoso, cuyos ciudadanos son monstruos, o muestra un autor que todo él es un país de monstruos. La evocación de Álvaro Bisama tiene en cuenta uno de los grandes motivos de preocupación del narrador: la insistencia mediante la que los valores de la sociedad se hacen explícitos en la forma en que los cuerpos se perciben, se relacionan entre ellos, se dominan, se martirizan o se mutilan, se someten.

Las relaciones de un autor con otros autores de su época, de otras épocas, son siempre un asunto que interesa a la crítica, vale decir, al lector. No interesa por establecer dependencias, filiaciones o jerarquías, sino porque un autor es siempre un tejido de voces y de relaciones. Y los tejidos se sirven de hilos de muchas procedencias, y las novelas de Donoso no son sino "redes textuales de la creación donosiana". Un autor se define en sus textos y en aquellos otros textos que, los leyera o no, se hacen en su obra presentes al lector. "Ignoro si José Donoso llegó a leer el ensayo de Béguin, aunque sospecho que no sería extraño, viviendo como vivió en México y conociendo de primera mano el mundo editorial y literario del momento", escribe Vicente Cervera, quien establece en su ensayo una correspondencia que va más allá de las lecturas singulares de José Donoso. Después de todo, un escritor no se forma exclusivamente en los libros. Kant, Leibniz o Novalis bien pudieron llegarle al narrador chileno a través de las conversaciones con otros escritores. La lectura de Vicente Cervera enriquece, a su vez, los modos de lectura de la obra de Donoso, la inserta en un tapiz de referencias acaso inesperadas, la hace vivir en un ecosistema literario en el que adquiere una nueva significación.

Si un ensayo elabora la alternancia de los dos polos, el viaje del Donoso conocido al Donoso intuido, ese ensayo es el de Alberto Fuguet. Sus palabras evalúan, miden, recorren varias veces, en los dos sentidos, la distancia entre el Donoso que se pensó a sí mismo como alguien diferente, alguien que tenía el empeño de convertirse en escritor, el que tenía una idea de sí mismo, y el Donoso escritor, el que llegó a ser o, tal vez, el que pudo ser. "Donoso le tenía pánico al realismo o de quedar tildado de realista o de autóctono. No quería ser un autor chileno, entre otras cosas porque, en ese entonces, o desde su punto de vista, chileno implicaba realista, criollista, local". Alberto Fuguet extrae de sus recuerdos un Donoso que describe el envés de la sociedad chilena, lo que acaso la sociedad chilena no deseaba ver, la sociedad obligada a ver en él "el narrador del inconsciente colectivo chileno". El gráfico de la evolución, desde el narrador que rechaza el realismo, más o menos convencional, hasta llegar a ser "un autor universal", es un ejercicio de aprendizaje y de purificación: el novelista ha tenido que limpiar su mirada, ha visto lo mismo que todos veían, pero lo ha descrito para que pudiera la forma acomodarse a las exigencias expresivas del momento.

La profesora Cecilia García-Huidobro es editora de los diarios de José Donoso. Su visión es, por tanto, la de quien ha depurado su conocimiento y el de sus lectores al comparar lo que se sabía con lo que se ha sabido después de conocidos los diarios. Ferdinand de Saussure, el lingüista suizo, interrumpió sus estudios sobre la función del hipograma en la poesía latina. La hipótesis de que hubiera una palabra oculta que codificara la superficie significativa de los versos nunca pudo comprobarse. Misteriosamente, sin explicación, De Saussure abandonó esos estudios. La editora de los diarios tiene una intuición parecida a la de Ferdinand de Saussure: "Mientras intentaba descifrar la endemoniada letra de sus cuadernos, me preguntaba si era casual que los últimos esfuerzos de su diario estuvieran centrados en la creación de acertijos". La pregunta es muy sencilla: "¿Cómo interpretarlo?". Caben dos posibilidades que acaso no sean incompatibles entre sí. "¿El autor quería dejar una especie de advertencia?". Pero también puede ser que la advertencia fuera algo más: "¿O acaso Donoso buscaba entregarnos una guía cifrada, un mapa en clave de cómo llegar hasta los lugares más oscuros de su creación?". La tentación es casi irresistible. La tentación es la de utilizar los diarios como hipograma, como hipotexto, para explicar la obra narrativa de Donoso. Pero es necesario resistirse a esa tentación. Los textos son todos ellos parte de una obra general. La interpretación no explica uno a través del otro, ambos se complementan, ambos son interpretables y ambos construyen una misma obra común, la que se une de manera inconsútil al nombre de José Donoso. Los diarios del novelista no son un acertijo, no son la llave que abre la puerta de los sentidos más oscuros de su obra, son parte indisociable de la obra del autor.

El objeto de interés para Dámaso López es el hilo conductor que relaciona los diarios de José Donoso con *Historia personal del "boom"*, con *Conjeturas sobre la memoria de mi tribu* y con *Correr el tupido velo*. Los tres libros manifiestan una preocupación única: la que une la persona con el personaje, el autor con sus máscaras, la sociedad con sus formas de representación. Le interesa a Dámaso López la manera en la que se cosen todos estos encuentros, cómo las coincidencias y desencuentros se encarnan en la persona, cómo condicionan las proyecciones públicas y cómo se negocian los proyectos y los conflictos, cómo se visten hacia el interior, en la intimidad de la familia, cuando las máscaras han dejado de cumplir su función. El "velo" es quizá la mejor expresión de una parte importante de la obra de José Donoso. El velo es ese tejido que oculta, pero no oculta del todo; que muestra, pero no acaba de mostrar del todo. Se convierte el velo en ese recurso literario que dirige la atención sobre sí, no tanto sobre el conflicto, ni tampoco sobre los elementos en juego. Del telar del escritor sale todo un muestrario de situaciones que devuelven al lector la policromía, la tragedia y la comedia, que refleja cómo la literatura se entreteje en la vida.

Selena Millares proporciona en su trabajo, entre otros, dos contextos para comprender la obra de José Donoso. El generacional: las afinidades y diferencias con otros autores del "boom". Y el de la caracterización de la obra de Donoso, que hace de esta algo deliberada y voluntariamente diferenciado. Son contextos que se complementan, se explican mutuamente. El autor que no se parece a los seguidores del realismo mágico es el mismo autor que busca una identidad literaria que le permita decir lo que quiere decir. Su obra es "menos leída" que la de otros miembros del "boom", porque es "más incómoda que seductora". José Donoso exhibe en su obra todo un largo cortejo de figuras que componen una suerte de teratología, personal y nacional, sí, pero también universal. Por otra parte, ese largo cortejo alcanza la justificación de su existencia ficcional en una forma de entender la literatura que pretende alejarse de la curiosidad por las peculiaridades del lugar, esas peculiaridades que satisfacen al lector europeo o del norte de América, que desea hallar en los narradores latinoamericanos "violencia, sangre, sexo y telurismo". Donoso renuncia al realismo y al pintoresquismo, pero no se aleja tanto de este como para no reconocer las virtudes de un realismo que no sea anecdótico, ni se aleja tanto del pintoresquismo como para dejar de apreciar su particular valor de representación.

El último ensayo que se recoge en las páginas de este libro es de Eduardo Moga, quien hace un análisis cuidadoso y minucioso y novedoso de la poesía de José Donoso. La poesía del novelista chileno es esa parte de su creación que la crítica ha descuidado, y que Eduardo Moga demuestra que tiene una importancia que se le ha regateado. También es este un nuevo Donoso después de Donoso, pues su poesía no solo no había recibido un reconocimiento a la altura de su prosa, sino que, en ocasiones, se había considerado inferior a su narrativa. Acaso, el propio Donoso "se resistía a ella", se resistía a la poesía. Se declaraba poco lector de poesía, y afirmaba que no era poeta. Pero escribió un libro de poesía en el que expresó inquietudes personales y autorretratos en los que se mostraba ante sí mismo, acaso con más interés que lo haría ante los demás. La poesía le permitía "una comunicación libre y directa". En esta poesía se confunden la máscara y la persona. Se cumple en esta región de la obra de Donoso ese principio según el cual el poema brota en la región de la primera persona; el relato, en la tercera.

Juan Antonio González Fuentes
Dámaso López García

Álvaro Bisama

Donoso: país de monstruos

Quisiera, a modo de partida, compartir con ustedes un recuerdo: el día en que José Donoso murió, una radio de Santiago programó "The beautiful people", la canción de Marilyn Manson, luego de comunicar el fallecimiento del escritor. Manson estaba de moda esos días. Había explotado de modo fulgurante. La banda aún no se transformaba en una parodia de sí misma y, por el contrario, se solazaba en la exhibición de llagas abiertas por el maquillaje, en el desfile de herramientas médicas imposibles, de prótesis rotas, pero también de las herramientas de un totalitarismo trasnochado, que le hablaba a masas compuestas por monstruos. Era el negocio del *rock*, una puesta en escena que en 1996 aspiraba a ser intolerable en su rechazo calculado a casi todos los valores de la sociedad contemporánea. Dirigido por Floria Sigismondi, el video de "The beautiful people" lo demostraba, ambientado como estaba en un galpón abandonado que bien podía ser un hospital psiquiátrico, donde los planos de manos cortadas de muñecas o maniquís convivían con los del mismo Manson, gritando desde un púlpito, como una especie de Hitler tullido y travestido, mientras una pandilla de acólitos deformes, sucios y alucinados lo escuchaba extasiada, como si vieran en él la sombra de un Marqués de Sade terminal.

Anoto esto porque me pareció una banda sonora perfecta para despedir a Donoso, al modo de un homenaje inesperado y preciso. Nada más José Donoso que Marilyn Manson y nada más Marilyn Manson que el mismo Donoso, ambos artistas fascinados con los cuerpos deformes y perturbados de los *freaks* como marcas de época.

Porque la obra de Donoso habla de cuerpos. Cuerpos que están en conflicto, muchas veces determinados por las formas de la consunción. A veces, lo que le sucede se extiende a la casa en la que habitan o a la geografía del país completo. Así nos topamos con Andrés, en *Coronación*, que apenas puede soportar la conciencia de su propia vejez inminente. O con el hombre de *Este domingo* que mira cómo se extiende un lunar sobre su piel y apenas resiste el pánico que este le provoca. Los niños le temen como si fuese objeto extraño: una muñeca vieja, vencida, un criatura extraña. O con el cuerpo de la Manuela en *El lugar sin límites*, entendido como un vórtice hecho de fascinación y deseo, determinado por el miedo ajeno; un cuerpo atrapado en la provincia, perdido en un lupanar lejano, esperando el advenimiento del éxtasis o la violencia. O la casa como el cuerpo de Chile en *Casa de campo*, un territorio desde donde se despliega el horror al modo de una fantasía de mutilación donde las habitaciones de la casa familiar se convierten en salas de tortura, a partir de ese imaginario decimonónico donde los sirvientes persiguen y asesinan niños en los infinitos pasillos que asemejan los círculos cerrados y doblados sobre sí mismos de la historia de Chile. O los cuerpos que huyen del pobre narrador de *El Jardín de al lado*; esos cuerpos que mira por la ventana o con los que conversa en las fiestas, pura piel en fuga para él, un chileno perdido en un mundo que mira de lejos. O los cuerpos que rodean a ese cantante que retorna del exilio en *La desesperanza*: esos cuerpos que se quedaron en medio de la dictadura y que aprendieron a sobrevivir en el paisaje gris, hechos de puro miedo.

Donoso escribe de todos ellos como si fuesen fragmentos de un proyecto mayor. Hay algo que percibe ahí pero que vemos por partes, como fragmentos del *puzzle* que muchas veces resulta su obra. De hecho, muchas veces el lenguaje, esa prosa que pasa de la asfixia a la banalidad, se define a partir de ellos, deformándose para abordarlos. Así, la raíz de todo horror descansa en la carne: el horror a la vejez, a la muerte, a la pobreza y al olvido, pues su literatura es un examen de ese horror, que muchas veces adquiere un cariz grotesco.

Ese cariz quizás lo define, pues lo *donosiano* es un adjetivo que existe entre la exquisitez y la mugre, entre la frivolidad y lo abyecto, entre la ausencia de épica y el festín de la crueldad. Por eso su complejidad se acrecienta en la medida del paso de los años y las relecturas, como si Donoso –alguna vez santo patrono del realismo– fuese lentamente moviéndose hacia ciertos márgenes que quizás permiten que lo comprendamos mejor, en una caracterización que se acerca a la que alguna vez Henry James le adjudicó alguna vez a Gustave Flaubert, la de novelista total.

Anoto esto porque llevo años preguntándome cómo leer a Donoso, tratando de reflexionar sobre qué hacer con él. Hace veinte años esta pregunta podía lucir rara. Sabíamos cómo leerlo o por lo menos creíamos saberlo. No había otra forma de acercarse a él que no fuese como un autor canónico y absolutamente patrimonial, la piedra angular de la literatura chilena de la segunda mitad del siglo XX. Había ahí harto de prejuicio y automatismo: nos enseñaron que *El obsceno pájaro de la noche* era una novela social; que *Casa de Campo,* una ficción política, aunque ambos libros fuesen mucho más, porque estaban llenos de pliegues, trampas y secretos. Que Luis Buñuel quisiese adaptar el primero de estos libros no importaba demasiado, lo mismo que el hecho de que la alegoría que el segundo componía sobre la fractura política del 73 no fuese más que la repetición de hartos lugares comunes sobre el orden social chileno. Pero lo más interesante de esas novelas descansaba justamente en lo que esas lecturas omitían: el estilo que se devoraba a sí mismo hasta asfixiar el lector; el peso de la noche como una moral atroz; la posibilidad de que la parodia fracasara para dejar a la vista el andamiaje de la novela como una fractura expuesta. Leer a Donoso era algo que exigía, como sucede con pocos autores, sospechar una y otra vez de él, algo que la lectura *queer* de *El lugar sin límites* y la publicación de *Correr un tupido velo* y los *Diarios Tempranos* terminaron por volver evidente.

Se me ocurre que hay algunas pistas en "Los habitantes de una ruina inconclusa", la segunda de las cuatro novelas breves incluidas en el volumen *Cuatro para Delfina*. Publicado en 1982 y dedicado a la actriz Delfina Guzmán, el libro bien puede leerse como una muestra más o menos representativa de los intereses de Donoso. Así, si en el volumen "Sueños de mala muerte" se hace cargo de esa clase media que fascina y repudia el autor, a partir de la descripción de los cruces de los arrendatarios de una oscura pensión santiaguina, "Jolie Madame" trabaja los códigos de la vida de una aristocracia chilena cuyos ritos de clase apenas pueden sostener la mención de sus traumas; entre ellas, "El tiempo perdido" aborda el funcionamiento de la vocación literaria, ironizando sobre los sueños de los escritores latinoamericanos acerca de un París inalcanzable. Los temas están ahí: la vida de personajes atrapados por una rutina que los devora silenciosamente; la literatura como una feria de vanidades que no salva a nadie y la frivolidad de una clase que apenas aguanta el vacío.

En este contexto, "Los habitantes de una ruina inconclusa" se hace cargo del aspecto más radical de la obra donosiana, a través de la historia de dos ancianos que ven un día cómo la construcción de un edificio al lado de su casa queda detenida y el paisaje del barrio cambia peligrosamente hasta condenarlos. Los protagonistas padecen la transformación de su mundo, cuyo confort y tranquilidad son sacudidos por la pobreza y la violencia. Así, Blanca y Francisco contemplan la edificación para luego darse cuenta de que las obras fueron suspendidas y el lugar quedó vacío. Entonces, la pareja trata de continuar como si nada sucediese. Francisco saca a pasear a su perra; Blanca conversa con sus hijos y nietos; ambos tratan de conservar sus rutinas. La aparición de un joven extranjero los sorprende. El hombre habla una lengua que no entienden, parece un *hippie* viajero, otro europeo más perdido en la ruta latinoamericana. A la pareja le cae bien, se fijan en la marca de sus zapatillas (Adidas), les recuerda a sus hijos. Pero el edificio sigue ahí como una amenaza silente, "un cascarón de ladrillo y cemento completamente hueco". A veces, en los paseos nocturnos con la perra, Francisco entra y da vueltas por el lugar vacío. Blanca lo ve desde la casa. Mientras, la intimidad de la pareja comienza a resquebrarse. Como en otros textos de su autor, los personajes se obsesionan con el lugar y rompen sus vidas domésticas a partir de esa obsesión. Todo comienza a hundirse. El joven de la mochila aparece y desaparece. Ya no parece joven, aunque sigue hablando en su idioma indescifrable, tratando de conversar con "esos sonidos que no comunican más que miedo". Ya no parece joven: es un indigente, un "no muchacho: hombre, caminante, mendigo, *clochard*, *hippie*, excursionista, andariego", "un hombre maduro al cual la penumbra de sus anteriores encuentros les hizo adjudicarle juventud". Blanca sufre un colapso, no quiere salir de la cama. La fachada de tranquilidad de Francisco comienza a resquebrajarse mientras percibe que la ciudad comienza a llenarse de mendigos. La pareja entra en crisis, les aterra. Les cuesta hablar, Blanca pasa días metida en la cama, Francisco deja de afeitarse e ir al trabajo. Entonces llega un paquete a su dirección. Una caja. Blanca y Francisco la terminan abriendo. El paquete está lleno de ropa vieja, no tiene destinatario. No saben por qué está ahí. A esas alturas del relato, la ciudad se ha llenado de mendigos, de "un inmenso ejército proveniente de todos los rincones del mundo". Blanca y Francisco comienzan a vestirse con la ropa vieja. Se disfrazan cada noche y entran al edificio, donde todos hablan el mismo idioma que el mendigo, quien aparece y desaparece como una silueta cada vez más tétrica. Pero Blanca y Francisco siguen pasando cada noche ahí para luego retornar escondidos a su casa por las mañanas: "dormían tirados. Sentían a su alrededor los furiosos acentos de riñas, los conciliábulos con designios impenetrables, la hediondez de heces, de comida, de orina". Es en este punto en que las cosas se precipitan. Donoso se interna en el horror de modo irreversible; Blanca y Francisco descubren que el exjoven y los indigentes que habitan el edificio no tienen lengua. Les ha sido cortada o arrancada y el idioma que hablan es un simulacro del real, ha sido deformado por la violencia. Este es el momento de la *anagnórisis*, de una epifanía negra que es quizás el centro de la *novelita* de Donoso. El final es tan lógico como demoledor: la pareja termina colgada de unas vigas en el edificio, para que el narrador mencione en una coda que se ha producido un exterminio de los indigentes del país, una guerra contra la "marea de vagabundos y mendigos" que "invadió, como una enfermedad horrible, como sarna o llagas, las calles de las ciudades y caminos aledaños, apoderándose de ellas".

Para quien haya leído al autor, el argumento carece de sorpresas. Los ecos de muchas de sus obras están ahí: la realidad convertida en una amenaza constante, la existencia burguesa rota por un deseo imprevisto, la mirada sarcástica o terrible sobre un presente habitado por la entropía. Para Donoso lo fantástico es siempre sinónimo de atracción, pero también de extrañeza y peligro. Por supuesto, es imposible no leer el relato a la luz de lo descrito por Pilar Donoso en *Correr un tupido velo*: en las memorias de la hija del novelista están quizás cifradas las rutinas que "Los habitantes de una ruina inconclusa" describen desde el *fantastique*, como si la ficción no fuese más que un eco deformado de esa terrible vida doméstica.

Quizás reside acá lo que permite cristalizar el horror, algo quizás sintetizado en una especie de utopía de cuerpos rotos, vestidos todos con fetiches de vidas que apenas comprenden. Es el miedo a lo otro, a lo extraño, a lo siniestro. Es el miedo al futuro donde el plano de la ciudad de Santiago crecerá siguiendo la forma prefigurada por Donoso, cambiando como si la novela hubiese trazado una profecía respecto a su plano regulador.

Así, leída en el momento en que se publicó, la novela funcionaba como una pequeña alegoría sobre los cambios en los barrios residenciales de Santiago. Revisada ahora resulta mucho más extrema, infinitamente más cercana. De este modo, si *Coronación* decretaba el fin del siglo XIX con la ceremonia macabra que le daba nombre a la novela, y *Casa de Campo* se presentaba como una alegoría sobre el proceso político que llevó al golpe de Estado que derrocó a Salvador Allende, "Los habitantes de una ruina inconclusa" trama un relato del futuro en la medida que predice la forma de su lengua literalmente mutilada y hecha de palabras rotas, puros significantes vaciados de todo sentido que no sea el que dibuja una mueca deformada.

Ahí está lo grotesco, ahí está el horror: en esa lengua que apenas se entiende porque las palabras ya no significan nada. Está ahí la sombra de "Casa tomada", el cuento de Cortázar, que Donoso quizás deforma tal y como Cortázar deformaba al Poe de "La caída de la casa Usher", haciendo que todo implosione, mientras arrastra a sus personajes hasta un punto de no retorno, donde dejan de ser ellos mismos, mientras quedan atrapados en un cambio de piel que apenas entienden, congelados la crisálida tardía de sus afectos. Pero el mérito descansa en cómo esa transformación se extiende hacia todo el territorio: "Los habitantes de una ruina inconclusa" tiene un final cerrado, sabemos lo que pasa. De este modo, como en una coda borgiana, asistimos a las pequeñas viñetas de un mundo que ha cambiado completamente para convertirse en una zona de exterminio. Este es el futuro de Donoso, el paisaje que sueña hacia adelante. Donoso termina su novela, termina al modo de muchos de los relatos de Lovecraft: exhibiendo un mundo cuyo cambio es tan destructivo como irremediable. Este es el país que diseña. Esta es su utopía: una fantasía de cuerpos que, a la deriva, y vestidos con harapos, tratan de calentarse frente a una hoguera. No queda nada que hacer. La catástrofe ya se ha declarado, el horror ha dejado de estar oculto para invadir el mundo.

El horror es el mundo.

Todo lo anterior había sido ya sugerido en *El obsceno pájaro de la noche*. Novela total e intolerable, en su capítulo 14 se narra la construcción de un país de monstruos. Vuelvo a la trama: a Humberto Peñaloza, el protagonista (que se convertirá luego en el Mudito), su patrón Jerónimo de Azcoitía le encarga reclutar a todos los *freaks* de Chile para que le hagan compañía a su hijo en la hacienda de la Rinconada. La narración relata con cuidado esta empresa, que dura cuatro o cinco años y que bien corresponde a una especie de distopía en tanto presente la edificación de un mundo paralelo, clausurado, un país de bolsillo donde el orden está invertido: los *freaks* son los ciudadanos del país que habita el hijo de Azcoitía, que nació deforme, todos figurantes de una estructura social que aspira a que el niño crezca desde cierta normalidad.

Dos ideas sobre lo anterior. La primera tiene que ver con el estilo: la prosa de *El obsceno pájaro de la noche*, habitualmente ahogada por la culpa y la amenaza, se vuelve acá diáfana. No hay contradicciones ni persecución, todo está narrado en tercera persona, como si en esa distancia se ofreciera el único descanso a la condición asfixiada de la novela. Ya lo sabemos, el estilo es la máscara del autor.

La segunda, que acá el horror compone una sátira que no tiene desperdicio. La novela detalla la construcción de ese territorio ficticio sino que también la estructura que adquirirá. Donoso es claro en este asunto. Azcoitía permite que los *freaks* organicen su "mundo propio, con la moral, la política y la economía y las costumbres que quisieran, con las trabas y libertades que se les antojaran, con los goces y los dolores que se les ocurrieran, les daba plena libertad para que se inventaran un orden o un desorden propio, tal como él inventaba un orden para su hijo". Aquello descansa en la declaración de ciertos principios estéticos, reflexiones sobre la belleza y la deformidad más allá de lo aceptado pues "el monstruo (…) pertenece a una especie diferente, privilegiada, con derechos propios y cánones particulares que excluyen los conceptos de belleza y fealdad como categorías tenues, ya que, en esencia, la monstruosidad es la culminación de ambas cualidades sintetizadas y exacerbadas hasta lo sublime. Los seres normales, aterrados frente a lo excepcional, los encerraban en instituciones o jaulas de circo, arrinconándolos con el desprecio para arrebatarles su poder".

Por supuesto, la narración de la fundación de un país es también el relato de su destrucción. Como en esos videos que muestran el crecimiento acelerado de una flora o la descomposición del cadáver de un animal, esas pocas páginas registran el avance del tiempo: la determinación de jerarquías; los líos amorosos; la soledad de Humberto (el monstruo de la normalidad) que trata de escribir pero no puede; la llegada del doctor Azula, personaje clave en la novela; además de recordarnos la fascinación del autor por las marcas exquisitas y el estilo sofisticado, sintetizado en Emperatriz, una mujer enana que bebe té *lamp-san-souchong*, mientras afuera se suceden bailes, se proyectan películas de Ingrid Bergman y Boy crece en un mundo que está fundado a su imagen y semejanza, pero que luego se vuelve solo un remedo del país real, otro *jardín de al lado*, otra vida que mira de lejos, atrapado en la cárcel de la normalidad.

La entropía es, de nuevo, el avance de la prosa. La claridad desaparece cuando Humberto recupera lentamente el control de la narración lo que para el lector significa lo contrario: se desploma frente a Emperatriz, la narración vuelve a la primera persona, y la psicosis y el miedo vuelven a apropiarse del libro.

Una lectura atenta de estos textos quizás permite pensar a Donoso desde otras voces, desde otras tradiciones, otros géneros, tal y como Borges le inventó una tradición a Kafka a la hora, mientras polemizaba con el concepto de precursor. De este modo, se me ocurre acá que yacerían herramientas para eso en las definiciones de lo siniestro, aquel *Unheimliche* que define Freud partir de la lectura de "El hombre de arena", de E. T. A. Hoffmann, en las notas sobre horror sobrenatural y ficción *weird* que hizo H. P. Lovecraft, pero también en "El niño proletario", de Osvaldo Lamborghini, o en *Cabal,* de Clive Barker, una novela donde una sociedad completa de monstruos existe debajo de un cementerio al modo de una raza nocturna que se ha exiliado del mundo. O distopías sobre comunidades cerradas como "Si todos los hombres fueran hermanos, ¿dejarías que alguno se casara con tu hermana?" (la novela corta sobre el incesto de Theodore Sturgeon) o "La persistencia de la visión" (el cuento sobre una comuna de ciegos de John Varley).

Por otro lado, Donoso se une a una inquietante tradición de distopías literarias locales, cuyo inicio está en el Espelunco que trazaba José Victorino Lastarria en 1860 en *Don Guillermo,* y cuyo final intolerable puede estar en El Chile, aquel basurero donde aparecen cadáveres de mujeres en *2666,* de Roberto Bolaño, un lugar habitado por "seres humanos que pululan solitarios o en pareja" que "hablan una jerga difícil de entender". Dice Bolaño: "su esperanza de vida, breve. Mueren a lo sumo a los siete meses de transitar por el basurero. Sus hábitos alimenticios y su vida sexual son un misterio. Es probable que hayan olvidado comer y coger. O que la comida y el sexo para ellos ya sea otra cosa, inalcanzable, inexpresable, algo que queda fuera de la acción y la verbalización. Todos, sin excepción, están enfermos. Sacarle la ropa a un cadáver de El Chile equivale a despellejarlo. La población permanece estable: nunca son menos de tres, nunca son más de veinte".

Para terminar, pienso en otra noticia de ese Donoso final: el hecho de que hubiese firmado poco antes de morir un contrato con la cadena mexicana Televisa para escribir un culebrón sobre la brujería en Chiloé nos remite no solo a su gusto por estos temas e historias, sino a La Recta Provincia. Desmantelado por el gobierno en 1880 por medio de una investigación judicial cuyas actas fueron publicadas en parte en un libro de 1908, la Recta Provincia era "la institucion de los brujos, había existido en Chiloé desde tiempos antiquísimos; era tolerada porque se ignoraban sus malas tendencias i se le creia mas bien una institucion piadosa con fines humanitarios. Pero las investigaciones prolijas hechas por el activo Juez, vinieron a demostrar, ante las autoridades i el pueblo asombrado, el cúmulo de maldades i crímenes cometidos por la famosa asociacion".

La lectura del pequeño volumen *Los brujos de Chiloé. Célebre proceso del juzgado de Ancud. Declaraciones de los reos* no deja de ser interesante. Ahí la mitología chilota se mezcla con los hechos de sangre y con la política, pues son lo mismo. Gobierno paralelo al del Estado de Chile, la cosmogonía deforme que organiza la Recta Provincia configura un relato que anticipa las utopías deformes de Donoso, y nos hace pensar justamente en el modo en que procesa sus materiales pero también cómo sus ficciones existen a la sombra del murmullo de la memoria pero también el paisaje chileno en términos simbólicos. El horror es real, el horror es la historia y Donoso es su utopista perdido, el narrador de esos flujos subterráneos al presentar sus ficciones como un relato nacional que tiene harto que ver con ese submundo con el que soñaba José Victorino Lastarria en *Don Guilllermo*, en la mitad del siglo XIX y que llamaba Espelunco y estaba habitado por los mismos invunches que eran los sicarios de los brujos de Chiloé; pero también con los reflejos tardíos de unos crímenes no desprovistos de una magia ominosa y perversa. Que el autor de *El obsceno pájaro de la noche*, poco antes de morir, estuviese dispuesto a escribir una telenovela acerca del tema, no solo terminaba de dibujar las fronteras quizás atroces de aquel país de monstruos sino que hacía eco de una pregunta que aparecía en esa canción que Marilyn Manson le gritaba al mundo.

Una pregunta que bien podría haber formulado el mismo Donoso: "¿Qué estás viendo? ¿Algo bello o algo libre?".

Vicente Cervera Salinas

El alma romántica a las puertas del sueño en José Donoso[1]

El filólogo suizo Albert Béguin publicó en 1937 su obra maestra *L´âme romantique et le rêve.* Fue escrita en un periodo entre guerras, bajo el fuerte influjo del movimiento surrealista en Francia y con una firme convicción en la genealogía romántica de toda la renovación poética de vanguardia de principios del siglo XX –algo que más tarde recuperaría Octavio Paz para sus famosas conferencias en la Charles Eliot Norton, que publicaría en los años setenta bajo el título de *Los hijos del limo*-. El ensayo, que pronto adquirió la repercusión que merecía, fue traducido al español y editado por primera vez en México en el año 1954, aunque las prensas españolas no lo harían hasta 1978. La versión al español fue cuidadamente realizada por el escritor guatemalteco Mario Monteforte Toledo, y revisada por el matrimonio Antonio y Margit Alatorre (mexicano él, de origen alemán ella, aunque nacionalizada y residente en México desde 1930, donde se había licenciado en la UNAM).

El ensayo, que se vertebra precisamente sobre los cimientos de la poética del romanticismo alemán, se convertirá en un título de referencia por sus grandes logros especulativos y su acertada canonización de la potencia onírica como motor y fuente del imaginario poético. Muchos serán los escritores que coincidirán en reconocer el inmenso valor de la lectura de *El alma romántica y el sueño* en sus procesos formativos, llegando a considerarlo libro de cabecera. Alejandra Pizarnik, por ejemplo, lo cita prolijamente en sus *Diarios* y pondera el potencial creativo del texto como si se tratase de una obra literaria más y no de un estudio crítico.

Ignoro si José Donoso llegó a leer el ensayo de Béguin, aunque sospecho que no sería extraño, viviendo como vivió en México y conociendo de primera mano el mundo editorial y literario del momento. En todo caso, estimo que pueden servirnos algunas reflexiones del volumen para enfocar y definir el interés del escritor chileno por la fenomenología del sueño y su valor como pilar de

1 Este capítulo del libro amplía el campo de estudio y la fundamentación filosófica de otro trabajo del mismo autor publicado anteriormente en la revista *Estudios románicos*. Los propietarios de los derechos intelectuales, no obstante, han autorizado la reproducción de las partes afectadas.

la imaginación romántica, así como de su descendencia en la poética contemporánea. En una de sus primeras páginas, el autor construye los fundamentos de su reflexión a partir de una serie de preguntas cruciales y de una premisa clara: "Toda época del pensamiento humano podría definirse, de manera suficientemente profunda, por las relaciones que establece entre el sueño y la vigilia" (Béguin, 1983: 11). Esta dialéctica entre soñar y estar despierto sería, pues, clave para diferenciar las variadas épocas en que se estructura la historia del pensamiento humano y, por ende, la de sus manifestaciones artísticas. Ya propuso Borges en su particular Antología *Libro de Sueños*, que –en efecto– el sueño era "el más antiguo y el no menos complejo de los géneros literarios". Para Béguin esa expresión literaria del sueño debe enmarcarse en una consideración más amplia, de timbre filosófico y espiritual, que es justamente donde la sitúa José Donoso en alguna de sus ficciones. Así, para el escritor, el sueño nos apela con esta incertidumbre:

> ¿Soy yo el que sueña? Pregunta de aspectos infinitos, que interesa a nuestras razones vitales (…). Es una de esas tres o cuatro preguntas frente a las cuales no somos libres para dar una respuesta sólo al pensamiento abstracto, separado de la existencia y de la angustia elemental; (…). ¿Soy yo el que sueña en la noche? O bien, ¿me he convertido en un teatro en que alguien o algo presenta sus espectáculos ora ridículos, ora llenos de una inexplicable cordura? Cuando pierdo el gobierno de estas imágenes con que se teje la trama más secreta, la menos comunicable de mi vida, ¿tiene su unión imprevista alguna relación significativa con mi destino o con otros acontecimientos que se me escapan? (11)

Todas estas dudas e incertidumbres parecen estar en la base de cualquier galería de grandes soñadores, personajes que pueblan la historia de la literatura universal, desde Alonso Quijano hasta el príncipe Myskin, pasando por supuesto por la mayor parte de los héroes y mártires de alma romántica, como lo será el protagonista de la ficción de José Donoso a la que me referiré a continuación, cuyo análisis cobra -desde mi punto de vista- un sentido más amplio y un mayor alcance simbólico desde las premisas establecidas por Albert Béguin, pues como prosigue en su preliminar:

> Las respuestas a estas preguntas que nos propone el sueño dependen ante todo de las fronteras que tracemos entre lo que somos y lo que no somos. ¿Cuál es la parte de nuestra vida en la que aceptamos conocernos? (…) Podemos no conceder sino un valor inferior a estas actividades misteriosas, o bien conferirles toda la dignidad de instrumentos de conocimiento (…) y hasta podemos adorar en ellas a esa parte de nosotros mismos en que, cediendo el gobierno a "otro", no somos ya sino el lugar de una presencia (13).

Así pues, el frontispicio ideado por Béguin en su obra resulta certero para introducirnos en esa puerta del sueño por la que el protagonista del texto de José

Donoso entra y sale cada vez que su alma queda desprendida del mundo exterior y participa de esa realidad, de esa representación, de esa misteriosa actividad a la que él sí concede una importancia trascendental, puesto que en ella intuye que radica el tesoro de su existencia y el sentido de su vida, no solo para sí mismo sino también como don o atributo general para el mundo y los hombres. Béguin, que había traducido textos de gran resonancia onírica como los de Jean Paul o Hoffmann, reproduce una meditación fantástica de Paul Claudel, que también es una excelente antesala para ubicar el texto donosiano: "He apartado mis pies de la tierra, mis manos de todas las manos, mis sentidos de todo objeto exterior, y de mis sentidos mi alma… Ya no hay un hombre, no hay más que un movimiento. No hay más que un origen. Sufro un nacimiento. He caducado. Cerrando los ojos nada me es ya externo; soy yo lo externo…" (Claudel en Béguin, 10). Sí es un pensamiento que podría caracterizar al héroe donosiano, pero también lo acechará la vacilación, la acusación externa –y tal vez propia también– de fracaso, de vacuidad, de falsía, pues "este mito del sueño trae consigo peligrosas tentaciones. Podemos llegar al extremo de divinizar el inconsciente, de renegar de la otra mitad de la vida: lo que había aparecido como una salida hacia la luz amenaza con ser la puerta abierta sobre el abismo. El camino que lleva al verdadero conocimiento del yo también puede conducir a la pérdida de la individualidad, a su irremediable disolución. La aventura no carece de riesgos. Al huir de la prisión del yo consciente, hay que evitar el peligro de quedar encerrado en la prisión del sueño, de la cual nadie regresa" (Béguin, 483).

En esta tensión es donde cabría ubicar de manera idónea el conflicto existencial que plantea José Donoso en "La puerta cerrada" y en su héroe narrativo, Sebastián. El campo de batalla se libra en el interior, en el alma romántica del personaje, y se particulariza entre el valor del sueño y la devaluación externa de su sentido. La escena en que se desarrolla ese drama es la propia de la novela, como ámbito creativo que plantea la lucha del individuo de estatura "heroica" (aunque, por supuesto, en la literatura contemporánea esos héroes decaerán en sus atributos míticos y se formularán también como criaturas caídas en el seno del antiheroísmo): contienda entre la voluntad que guía su imaginación y fantasía y la fuerza contraria que el mundo y las circunstancias en torno suyo ejercen como contrapeso o tendencia a la racionalidad material.

En el proceso narrativo que escenifica el drama del personaje de ficción donosiano habrá, sin embargo, una sujeción de algún modo salvífica. Si Béguin ha visualizado con claridad el teatro de esa dramatización con sus fuerzas antagónicas, otro gran filósofo del sueño años más tarde nos ofrecerá una respuesta no menos contundente, que dará su vigorosa mano para que nuestro héroe verifique su pertinaz inclinación al sueño como tendencia justificable y no meramente visionaria. Será Gaston Bachelard, en cuya base fenomenológica se encuentra la visión del mundo ensoñadora de un escritor central en el mundo donosiano como es Marcel Proust, quien nos ofrecerá esa clave redentora: "Un adjetivo" –asevera– "salvará todo, permitiéndonos pasar por sobre las objeciones de una psicología que se conforma con el primer examen" (examen que denuncia que la ensoñación "nos lleva por el mal declive, por el declive que desciende"). "La ensoñación que queremos estudiar es la ensoñación poética, una ensoñación que la poesía lleva hacia la buena inclinación, la que una conciencia que crece puede seguir (…). Todos los sentidos se despiertan y armonizan en la ensoñación poética. Y esta polifonía de sentidos es aquello que la ensoñación poética escucha y la conciencia poética debe registrar" (Bachelard, 1977: 16–17). Aunque es cierto que Bachelard no se refiere aquí a "sueño" sino a "ensoñación" (*rêverie* frente a *rêve*) no lo es menos que este término puede perfectamente acoplarse a la ficción de José Donoso que pasamos de inmediato a analizar, puesto que el drama de Sebastián se fija en el sueño como proceso onírico, pero su contenido no es recordado por él: es un sueño sin imágenes que se recuerden al despertar. Su estado cuando está despierto es más parecido a una "ensoñación" que pretende recuperar lo vivido en el "sueño", por lo que ninguna actividad consciente no ensoñadora le interesa: solo en virtud de la capacidad de conducirle de nuevo al territorio del sueño. En su caso, pues, la ensoñación poética es un estado de ánimo, un modo de ser y de vivir, que le enlazan en el mundo diurno con el sueño cuyas puertas pretende abrir para habitar. Dice al respecto Bachelard: "Hay que observar, además, que una ensoñación, a diferencia del sueño, no se cuenta. Para comunicarla hay que escribirla, escribirla con emoción, con gusto, reviviéndola tanto más cuando se la vuelve a escribir" (Bachelard, 1977: 19).

Publicado en la colección *El Charlestón* (1960) –si bien ya había sido editado un año antes de manera autónoma en la editorial Latehouse–, "La puerta cerrada" es un relato que José Donoso concibió como preámbulo temático a su universo narrativo personal, tras los primeros títulos fundacionales del autor: *Coronación* (1958) y la colección de cuentos *Veraneo* (1955). En España se editaron los *Cuentos* en 1973, tras el éxito de *El obsceno pájaro de la noche* (1969). En el prólogo a estos, señala Ana María Moix: "La ambigüedad está llevada hasta sus últimas consecuencias y las distintas realidades propuestas por el autor se mezclan en un mundo esquizofrénico poblado por seres decrépitos, obsesiones, símbolos, personajes esperpénticos y monstruos que exponen toda la brutalidad de lo horroroso y la fragilidad de las formulaciones del inconsciente" (Moix, 1973: 20).

Este texto cabría ser revisado por sus excelentes cualidades simbólicas, su entramado filosófico implícito y un sustrato de cuento folklórico e infantil, con trama bien definida y conclusión de alcance moral. La estructura argumental de

"La puerta cerrada" obedece a un esquema bien planteado y linealmente concebido por Donoso: la historia de Sebastián Rengifo desde su nacimiento hasta su muerte, atraída desde el prisma de su condición personal más íntima e intransferible. Así mismo recrea el autor la relación del sujeto con el mundo circundante, sintetizada en los vínculos establecidos con su madre, la viuda Adela de Rengifo –segundo gran personaje del texto– y a continuación con su patrón, Aquiles Marambio. Estos dos seres donosianos serán las metáforas escogidas por el autor para personificar el mundo de la iniciación en la vida personal y doméstica, en "el orden de las familias", por un lado, y por otro en el universo de la ley, el sistema, el código laboral instituido, las jerarquías y la estructura oficial de los valores sociales y cívicos. Tanto Adela como Aquiles fungen frente a Sebastián como contrapuntos musicales, del modo más acusado y preciso que pueda establecerse, y se convierten en arquetipos de un universo canonizado por todo aquello que el individuo recibe cuando se integra en un orden social: la familia y el trabajo.

Esta economía de medios es uno de los grandes logros literarios del texto de Donoso. La elección oportuna de estas criaturas, altamente representativas y simbólicas, es suficiente para mostrar la índole clausurada de cuanto recibe el individuo como herencia sociológica en el medio ambiente donde nace, y la subsiguiente dificultad que esa cualidad convencional de las instituciones y las mentalidades producirá en personalidades menos afines a su naturaleza y más renuentes a la aceptación de las premisas que los configuran. Un carácter de reflexión ante la sustancia de que está compuesto el mundo en que nacemos y que pretende ahormarnos según sus moldes más rígidos, que en este caso se alza hasta la rebeldía como forma de resistencia pasiva y de impenetrabilidad frente a todo aquello ajeno a la convicción más profunda del ser, que como un extranjero ha sido arrojado al lugar de todos los límites forjados. Un espacio que, tras ser atisbado y conocido, se muestra insuficiente, pobre y deslustrado, y ante el que es posible oponer de modo contumaz la decisión de no habitarlo y de indagar en el pozo más oscuro de la naturaleza que forma y forja la personalidad y el enjambre de los sueños.

Pero ese sueño poseerá a su vez la consistencia correspondiente de su individualidad más firme, segura y atroz. Ante un mundo que muestra un rostro insuficiente, el protagonista de Donoso opondrá otra forma de impermeabilidad, una estrategia de caracol incardinado en su cáscara insondable: un sueño desconocido para todos y también para él mismo, pero que persiste como única activación del deseo. Una voluntad de concentrarse en las concavidades y estrías de lo ignoto, que es la esencia de su ser: un sueño monadológico. De esta manera, el relato del autor chileno se inscribe en ese subgénero de la estética consistente en la atracción del dominio onírico en los lienzos de la creatividad consciente: literaria, musical, plástica o fílmica. En este caso, el relato muestra el "ethos" de un personaje emparentado con la noción filosófica de la "mónada", pero además sucede que su mismo sueño queda cerrado por una puerta simbólica en cada nuevo despertar, por lo que el rasgo más definitorio de la criatura se traslada a la producción de sus sueños que, como Sebastián, son mónadas aisladas, imposibles de penetrar o abrir.

La *Monadología* integra una importante sección de los *Opúsculos filosóficos* de Gottfried Wilhelm Leibniz, y fue escrito y publicado hacia el final de su vida, en 1714. Con esta teoría pretendía el filósofo y matemático de Leipzig conciliar las tesis racionalistas tan en boga en su época con una propensión ontológica enraizada en una teodicea universal. Una física que, como expone claramente García Morente en su edición de la obra leibniziana, "conduce a la metafísica" (Leibniz 1919: 12). Mónadas, en su sistema filosófico, son denominadas aquellas sustancias simples y últimas de los seres del universo, nociones metafísicas que sin embargo integran el último escalón de la física. La unidad y la fuerza son sus características fundamentales, pero la fuerza se refiere más bien al apetito de ser, en relación a la voluntad –como también especifica García Morente– y remite al concepto leibniziano de "apetición": "La acción del principio interno, que verifica el cambio o tránsito de una percepción a otra, puede llamarse *Apetición*", se nos declara en el epígrafe 15 del "opúsculo" (Leibniz 1919: 54–55). Estos "átomos metafísicos" que constituyen el ser de las mónadas son en suma –al decir de su autor– "substancias simples", poseedoras de auténtica individualidad y diferencia entre sí: su distinción es connatural (epígrafe 9º), pero al mismo tiempo están sujetas a cambio continuo en razón precisamente de esa "apetición" prenotada (epígrafe 10º). Curioso es el detalle definitorio que introduce el filósofo en el epígrafe 7º, donde resalta el hecho de que "las mónadas no tienen ventanas por donde algo pueda entrar o salir" (Leibniz 1919: 52), especificando con ello la naturaleza intrínsecamente individualizada y la propiedad intransferible de estas. Los cambios que en su seno se operan no obedecen, por lo mismo, a ningún tipo de accidentes externos ni a causas extrínsecas sino a un "principio interno, puesto que ninguna causa externa puede influir en su interior" (epígrafe 11º). La identificación del alma humana con la esencia, una mónada, procede en última instancia de un argumento teológico, dado que "dios sólo es la unidad primitiva o substancia simple originaria, y todas las Mónadas creadas o derivativas son producciones suya y nacen, por decirlo así, por Fulguraciones continuas de la divinidad de momento en momento, limitadas por la receptividad de la criatura, a la cual pertenece esencialmente el ser limitada": epígrafe 47º (Leibniz 1919: 64).

Todos estos rasgos distintivos del concepto físico-filosófico planteado por el filósofo alemán tendrían una posible aplicación al personaje del cuento citado, a Sebastián, el soñador impenitente, al margen de la noción estrictamente especulativa del término acuñado por Leibniz. Extraído del sistema racionalista complejo por él dispuesto y extrapolado de la constelación metafísica en que se inserta, la "mónada" como sustancia simple, específicamente individualizada, peculiar hasta su propia esencia, inconfundible hasta la médula de su ser, carente de órganos de comunicación propicia o verdaderamente transitiva con el resto de los seres y ausente de esas ventanas o puertas que la mantendría en contacto con el resto de la realidad extensa del mundo, define el ser concreto e intransferible de Sebastián Rengifo. La voluntad suprema de su vida, consistente en el deseo de abrir la puerta donde se alojan sus sueños, guiará su destino. Un destino y una voluntad sellados por la diferencia con el resto de los seres que complementan su universo exterior, y para cuya consecución precisará paradójicamente de la necesidad imperiosa de dormir, con el propósito de hallarse nuevamente ante esos sueños que se desvanecen en el momento del despertar. Es decir, su vida se construye sobre los pilares de un acto donde cree depositado lo más bello, verdadero y consistente de su ser. El cuento expone, en fin, la existencia como la consecución de un sueño.

Desde esta premisa, el relato revelaría sus claves tradicionales y románticas: la "flor azul" de *Heinrich von Ofterdingen* en la literatura germánica. Pero no olvidemos que se trata de un sueño intransferible, único, peculiar y caracterizador de un sujeto tan inasible y distinto como su producto: un sueño monadológico en fin. La estirpe romántica del cuento donosiano remite de manera conjunta, pues, al concepto filosófico subsumido en una recreación poética. La narración que expone el joven Heinrich ante sus escépticos y estupefactos progenitores en la novela-poema de Novalis participa del aislamiento y unicidad esenciales que poseerá también el personaje de Donoso ante el fenómeno semejante del soñar:

> Pero, incluso aparte de todas estas historias, si vos tuvierais por primera vez en vuestra vida un sueño ¡cómo os asombraría tal sueño, y no permitiríais a nadie que discutiera la maravilla de tal suceso, que para nosotros es cotidiano! Paréceme pues que el sueño es una defensa contra la monotonía de la vida, un recreo de la fantasía liberada en que ésta mezcla todas las imágenes de la vida e interrumpe la permanente seriedad del adulto con un alegre juego de fantasía infantil. De no ser por los sueños, envejeceríamos antes y bien se puede tener el sueño, si no por algo que viene directamente de arriba, al menos por un regalo divino, un agradable compañero en nuestra peregrinación hacia el Santo Sepulcro. A buen seguro que el sueño que tuve esta noche no ha sido una casualidad sin efecto sobre mi vida, pues ya siento que influye en mi alma, impulsándola como una gigantesca rueda que pone en movimiento algún poderoso mecanismo (Novalis: 1983, 45).

Tal poderoso mecanismo, activado por las potencias misteriosas del sueño, parece poner también en movimiento la existencia peculiar de Sebastián Rengifo, heredero de la voluntad omnipotente de su predecesor, y cifrada en un impulso propio de la singularidad inexpugnable: una crisálida, una cápsula, una mónada. Un ser encerrado en las paredes de su imaginación onírica y dispuesto a abrir las compuertas que lo circundan en torno a sí mismo, empeñado en aclarar la confusión que todo despertar comporta con fatalidad, dominado –en suma– por la tarea de consagrar su vida a la clarificación de sus entrañas espirituales. En el corazón del cuento, momento crucial por la intensificación del hermetismo sustantivo del personaje frente a su incomprensivo entorno, llega Sebastián a confesar a su madre las "razones de la sinrazón" que dominan su comportamiento. Es el punto central, donde la profecía y el altruismo parecen entrecruzarse, y que merece la pena recordar para ahondar en los encuadres simbólicos que lo rodean, así como en el reconocimiento de los estratos conceptuales que subyacen a su narración. Ante el arranque de desesperación de Adela, una madre atravesada por la indiferencia de su hijo-mónada, que la mira sin verla –sin "poder verla"– lanza Sebastián un largo discurso, propiamente un monólogo –ya que también parece hablar sin conversar– donde expone los argumentos de su intimidad, que es su destino:

> Es como…como si hubiera nacido con este don de dormir tanto y cuando quiero. Y quizá por esa facilidad que tengo, es lo único que me gusta hacer. Es como si todo lo demás fuera sombras que carecieran de importancia. Y, sin embargo, nunca he comprendido claramente lo que me pasa. Para mí toda la felicidad posible está en dormir, eso que parece tan pobre, tan absurdo, pero para lo cual nací y es lo único que me importa. Tengo la sensación de que sueño y soy feliz, que sueño con algo verdadero y mágico, con un mundo de luz que lo aclarará todo, no sólo para mí, sino que a través de mí para toda la gente. Pero al despertar siento como si una puerta se cerrara sobre lo soñado, clausurándolo, impidiéndome recordar lo que el sueño contenía, y esa puerta no me permite traer a esta vida, a esta realidad que habitan los demás, la felicidad del mundo soñado. Yo necesito abrir esa puerta. Y por eso necesito dormir mucho, mucho, hasta derribarla, hasta recordar la felicidad que contiene mi sueño. Quizás algún día… (Donoso: 1973, 160–161).

La larga exposición que incluye la declaración de intenciones de Rengifo alcanza niveles dramáticos cuando, interpelado por la atónita reacción de su madre, insiste en la necesidad de vivir para dormir y de dormir para soñar. El placer se convierte en un deber, tal como decretó la filosofía idealista alemana de manos de su prefigurador, Inmanuel Kant. Al igual que el filósofo de Könisberg, el durmiente de Donoso despertaría del sueño de la belleza al hallazgo del principio categórico del deber. Este imperativo se impondrá como estandarte y guía en el peculiar camino de perfección que el relato contiene. Sebastián, inconsciente discípulo del genio alemán, expone con particular acento su ideario: "Me he entregado todo mi vida a dormir, pero a veces siento que debo hacerlo aunque no sepa qué voy a encontrar detrás de esa puerta". Un "imperativo categórico" explícito y muy lúcidamente considerado, pero que choca contra los principios motrices de la realidad, con los intereses acendrados del medio social y con las convenciones inherentes al universo circundante.

Por ello, se establece una nivelación de lo personal a lo fatal. Sebastián habla de "centro" y de "destino", y reconoce insulsas y carentes de luminosidad las vidas de todos aquellos que se mueven a impulsos externos y que carecen de esa fe mediadora entre el ser y el tiempo. El "fervor que me anima" es el axioma que impele la actividad del sujeto, y una propensión de categoría universal anima el fondo de su actividad. Ética y metafísica se ligan en su seno, en una atmósfera de iniciación romántica que vendría a compendiar el paso histórico que se produjo del racionalismo al idealismo, y de este al romanticismo: es decir, de Leibniz a Kant, y de Kant a Novalis. Pero la absoluta soledad y la falta de comprensión del mundo, así como la individualidad señera y esencial del personaje producen una falla en los propósitos, animados por una naturaleza derivada al existencialismo al cabo. Y el motivo de tal derivación no es otro que la raíz monadológica que lo habita y termina por caracterizar. La pureza del "santo" Sebastián es, al mismo tiempo, el don intrínseco de su mónadica existencia. Una coherencia absoluta entre la voluntad interna y la acción exterior se produce en el alma del joven. Nos parece recordar, en su incansable convicción, las premisas de conducta ética que el joven Kant formuló en el prólogo de un tratado de juventud, donde ya era consciente de la necesidad de insistencia en la persecución de la noción de verdad que fue el faro de su vida. Aplicada esta premisa a un horizonte arcano, pero no menos sujeta a la medida de lo verdadero y lo luminoso –lo auténtico en el corazón del sujeto que anida en sus sueños– definiría también la existencia particular de Sebastián Rengifo. Y el mismo hecho de que corresponda a los sueños no debe implicar vana fantasmagoría, como podría presumirse, pues recordemos que para el personaje de Donoso la puerta abierta de dichos sueños significará la comunicación universal de su conocimiento subjetivo, donde él cree depositado un tesoro de luz que será útil para la ciega caverna de los hombres. La validación universal de la ética kantiana halla así un cobijo de acoplamiento en los postulados de Sebastián, que no se arroja a los entramados oníricos por puro capricho o placer, y tampoco como mera materialización de un destino "externo" y fatal, o determinado por causas familiares o naturalistas. Salvada así la aparente paradoja, las palabras del filósofo alemán no estarían tan alejadas del principio de actuación del personaje, como tampoco lo está el hecho de que el concepto ontológico de "mónada" fuera también para Kant un estímulo sobre el que especular:

> Tengo la creencia (...) de que no es del todo inútil tener cierta noble confianza en sus propias fuerzas. Este tipo de confianza infunde vida a todos nuestros esfuerzos y les da cierto brío, muy provechoso siempre a la investigación de la verdad. Cuando uno admite la posibilidad de llegar a convencerse de que es capaz de descubrir algo importante y que puede incluso sorprender en error hasta a un señor Leibniz, procura hacer todos los esfuerzos por convertir esa posibilidad en realidad. Y después de haberse equivocado mil veces en un empeño, se prestará con ello un servicio mucho mayor al conocimiento de la verdad que si se hubiese marchado siempre por la calzada real. En eso me baso yo. Me he trazado ya el camino que pienso seguir. Lo emprenderé; y nada ni nadie me impedirá seguir adelante (Kant en Cassirer: 1974, 44–45).

La "sed de sueño" o la "vocación para el sueño", pues con tales sintagmas define Donoso la esencia de su criatura, provocarán una vida consagrada a un fin único y último, donde toda concesión a la realidad sensible será desatendida como obstáculo para el fin supremo. En el relato hallamos el desenvolvimiento diacrónico de una historia interior, de sustancia impermeable, que irá progresivamente configurando la capitalidad de su interés. Los rasgos psíquicos que detenta el personaje remiten a esa almendra profunda que el propio personaje considera fundamento y base de su temporalidad. Desde las primeras páginas, Sebastián es una criatura aislada y distinta, absolutamente lunar, tanto por la distancia que ofrece con el conjunto de los seres como por su aparente frialdad y por la posesión de un lado oscuro y desconocido, totalmente inaccesible a los mortales que lo observan con hosquedad y rabia o, por lo contrario, con curioso embeleso. A este respecto, nos informa el narrador: "Indiferente y solitario, parecía no tener ninguna relación con lo que ocurría alrededor suyo, ni con las personas, ni con las cosas, ni con el frío ni con el calor, ni con la lluvia insistente (...). Parecía, como la luna, que sólo la mitad de Sebastián se mostrara al mundo. Daba un poco de miedo" (Donoso: 1973, 154–155). La incomunicación, el aislamiento, la autonomía aparente de los deseos y las aspiraciones, la frustración constante que se produce en Sebastián van construyendo una narración donde los tintes trágicos crecen de manera férrea e inexorable. Una frustración de doble faz, pues supone la falta de comprensión del mundo, del orden externo, de todos los elementos exógenos que lo rodean, y por otro lado, una decepción constante de sí mismo, resultado de la imposible apertura de esa puerta que sella el despertar. Su núcleo monadológico irá, a este tenor, creciendo en definición y fuerza. Así, cuando Sebastián decide evitar toda explicación de sus motivaciones íntimas en el obrar, el narrador señala por medio de un estilo indirecto libre muy oportunamente utilizado que "era inútil explicar nada a nadie. Todo esto era tanto más grande que él mismo y que la gente. Arrastrándolo hacia un fin desconocido, lo hacía con tal ímpetu, que arrancaba las raíces de la tierra, y aislándolo, lo incomunicaba" (Donoso: 1973, 167). De esta manera, la naturaleza del ser expone su esencia de mónada. Una esencia físico-metafísica, caracterizada por una "apetición" declarada, tal como lo concibió Leibniz, a cuya propensión se deberán los avatares, los cambios externos y el argumento principal del cuento. El nivel profundo e interno, la pieza más honda, su núcleo de mónada quedará, empero, sumido en lo desconocido, pues el relato no asumirá un principio de omnisciencia tal como para revelar el contenido del sueño que al propio sujeto se le veda. Con ello resulta Donoso eficazmente veraz y respetuoso de la esencia de su creación. No obstante, la "vocación" de Sebastián permanecerá incólume, jamás despreciada, y por ello la fe del sujeto enlaza la temática interna del cuento con el principio de derecho a la libre elección del íntimo obrar, que se alza como un tema secundario, pero radical, en el desarrollo de la narración.

Este tema subsiguiente, pero decisivo para la evolución temática del texto, tomará cuerpo principalmente en el momento en que la oposición actancial de Sebastián deje de estar personificada en su madre y se transfiera al segundo personaje antinómico que, como vimos, caracterizaba el ámbito profesional, es decir, el tramo de existencia productiva y adulta del protagonista. Su naturaleza de mónada tendrá que enfrentarse ahora a un contrapunto marcado y absolutamente opuesto en la figura de Aquiles Marambio. La presentación que de este sujeto nos ofrece el narrador es digna de consideración, sobre todo en sus rasgos distintivos frente al ser de Sebastián, ya tan conocido por el lector. El costumbrismo, la ironía y la parodia se alían ahora para dar cuerpo al polo negativo del soñador. Ya su nombre evoca por contraste el recuerdo del solípedo héroe de la antigüedad, el mítico Aquiles de la *Ilíada*, que fuera sujeto de una famosa proposición filosófica en la escuela de los eléatas. La atracción de la aporía de Zenón de Elea sobre la tortuga y el veloz Aquiles activa un subtexto que funciona como estrato cultural y, sobre todo, como parábola lúdica en el argumento donosiano. Así como la tortuga no fue jamás alcanzada en la carrera ideal del argumento idealista por el más rápido de los hombres, por más que la realidad empírica se empeñe en "demostrar" lo contrario, del mismo modo opondrá el mártir Sebastián la fuerza de su mayor empeño vital contra los argumentos vitales y vitalistas del mundano Aquiles Marambio. Será, este último, prototipo del hombre asentado en la realidad de los hechos objetivos, entregado a los afanes sancionados por el mundo de la ley y de la opinión, un triunfador para los patrones de la vida tomada como carrera imparable en pos del triunfo que otorga la posición laboral, familiar y financiera. La descripción que nos ofrece el narrador de la sugestiva escena en que Sebastián acepta la invitación a casa de su jefe concita los puntos cardinales de su personalidad, "ponderándole a Sebastián los encantos de tener casa propia, mujer propia, radio y máquina lavadora propias". La propiedad de Aquiles se enfrenta a la aparente "impropiedad" de la vocación del protagonista y su total ausencia de bienes materiales. De este modo, la tortuga-Sebastián y el ligero y alado Aquiles son emblema de aquellos conceptos que sendas figuras ostentan de modo natural: un mundo veloz frente a una actitud de inmovilidad, de resonancias religiosas; la actividad frente al pietismo, a la calma, a la fijación en las profundidades del espíritu y la mente que en el caso de Sebastián no propenden a la especulación filosófica sino a la clarificación de sus sueños: a la apertura de su puerta sellada. El diálogo que entrambos personajes sostienen es un eje de la secuencia narrativa, pues funcionará como palanca que active el motivo de la apuesta, subsiguiente al enfrentamiento de los caracteres, del *ethos* de los personajes. Este momento de intensidad rítmica servirá también para propiciar el desenlace, a modo de fábula de atmósfera infantil, y por tanto importa de modo especial para la cohesión estructural del relato. Ante los ojos "morales" de Marambio, Sebastián padece "el vicio de dormir". Su ética es absolutamente particular, indemostrable y autónoma, pues quedó activada por los mismos resortes de su deseo, de una remota e indeterminada aspiración que a pesar de su aparente inconsistencia contiene lo más hermoso de su penoso existir. Un descubrimiento, una búsqueda constante, un abandono al sueño que esconde una voluntad férrea y libre, una finalidad entregada al imperativo de un bien que se busca con tesón. Este denuedo irá tomando progresivamente peso y cuerpo en el desarrollo del relato, hasta el punto de convertirse no ya en la ambición prioritaria de los días y las noches de Sebastián, sino en un objetivo de una dimensión cuyo poder se disparará y terminará anulando la voluntad del individuo. "La puerta cerrada" se compone, así pues, de una última parte donde se precipitan rítmicamente los acontecimientos, volcados en una carrera sin límite hacia una caída irremediable.

Es muy interesante al respecto valorar la eficacia de Donoso para la dosificación de dicho ritmo narrativo, que se acopla a la perfección a la propia sustancia de los hechos y, sobre todo, es coherente y efecto subsidiario de la naturaleza espiritual del personaje. Algo propio del ritmo frenético de los cuentos de Edgard Allan Poe, desencadenándose hacia un final imparable pero misterioso, ha sido heredado por Donoso del artista norteamericano. Este esquema rítmico queda reflejado sobre todo tras el fallecimiento de Adela, momento climático del cuento, que supondrá la liberación final de las ataduras de Sebastián con el mundo de leyes externas y obligaciones, y la entrega firme, absoluta y diáfana a la consecución de su sueño, consistente en abrir su empecinada puerta cerrada. Como señala el narrador, "ahora, por fin, era su propio dueño sin sogas que lo ataran a nada ni a nadie, ahora iba a poder entregarle su vida entera al sueño, y con cada segundo más que durmiera se iría aproximando a aquello, se haría más y más posible abrir la puerta". Entregándole a su afán sus "armas secretas", romperá Sebastián todo vínculo con el sistema social que rige la conducta del trabajo y la familia, abrazando la causa poética y el imperativo universal de su monádico existir.

No olvidemos que en este tránsito, en este itinerario vital, el personaje corroborará sus premisas vitales de manera constante y se afirmará con rotundidad en su "ideario", que no es otro que un ideal vislumbrado, pero poderoso y cierto. Nuevamente la noción de lo sombrío es aplicada a cuanto parece predicable de la realidad inmediata y de las necesidades físicas de toda vida: sombras, como quiso Platón, son para él las categorías físicas de "la comida, el bienestar, la vestimenta, la diversión, la gente". Luz, inversamente, posee para él tan solo aquel contenido inaprensivo y delicuescente que se evapora tras el fin de los sueños y se cierra cuando los ojos se abren a la "realidad". El "despojo" de dicho universo de quimeras será, por lo tanto, el siguiente paso en la trama de su vida. Un proceso continuo y también irreversible de desposesión, que sumirá a Sebastián en la pobreza total y que le dejará poseer tan solo un cuerpo y un alma como alimentos, como continente donde la máquina del sueño pueda proseguir hacia su inquebrantable fin. Una "nueva fe", por lo tanto, anima al personaje desde ese momento, que cabría explicar simbólicamente como la pérdida del cordón umbilical que lo mantenía unido al mundo externo y que, paradójicamente, se produce con la muerte de la madre. El óbito de Adela supone la libertad espiritual definitiva, el "nacimiento" verdadero de su hijo Sebastián:

> Cerró los postigos de su cuarto, pidió a la señora Mechita que le enviara comida dos veces al día y se acostó a dormir, ávidamente, como si el fallecimiento de su madre hubiera desatado el último nudo que lo uniera al mundo. Durmió tres días y tres noches (…). Al despertar comprobó que la puerta permanecía cerrada aún y la luz oculta. Pero, y ésta era la maravillosa diferencia, sabía ahora con certeza que algún día, aunque fuese muy lejano, iba a poder recordar entera esa parte de su vida que se ocultaba detrás de la puerta de su sueño" (Donoso: 1973, 168).

La poética vital de Sebastián parece acordar con la máxima de que la persona se mide en virtud de la calidad y el vuelo de los sueños que alberga. El precio de dicha voluntad lo afrontará el personaje con "la marca de los fracasados", una vida finalmente entregada a la miseria, el abandono de todos y la mendicidad como medio de subsistencia. Cuanto más cercana aparece la meta de su vida, más abandono a sus fuerzas y más pérdida de recursos vitales y un decrecimiento irreparable del instinto de supervivencia, que en buena lógica narrativa terminará conduciendo al desenlace imaginado, aunque también a una inesperada vuelta de tuerca en la valoración de los hechos y en su alcance moral, que emparienta al texto con la fábula romántica e idealista y lo entronca con refinado didactismo por su condición crítica y ética.

Así pues, la estructura del relato podría exponerse recurriendo a un sistema binario, que no solo serviría internamente para oponer la personalidad monadológica de Sebastián del resto del universo conocido, sino también de otras parejas opositivas derivadas: el sueño frente al despertar; lo endógeno y lo exógeno; el individuo frente a la sociedad; las leyes autónomas que rigen el devenir particular frente a un código formulado externamente, aceptado y promovido por los miembros de una sociedad determinada; la contemplación frente a la acción; la luz en oposición a las sombras; el sujeto y la familia; el creador y el mundo laboral, etc. Del mismo modo, el relato estructura dos momentos bien enfrentados, con una transición muy clara, que como ya se expuso corresponde al momento del fallecimiento de Adela de Rengifo. El sueño como "segunda" y más plena existencia, siguiendo la premisa de Nerval, irá avanzando en su libre expresión y actividad conforme transcurra el relato, por lo cual la estructura binaria no comporta un ritmo homogéneo, sino el también ya comentado incremento de velocidad y del tempo ligero según nos acercamos al desenlace. De esta manera, la primera parte del cuento vendría definida por la presentación de los "tipos" y los personajes, reales y simbólicos: Adela y su hijo, el mundo y el sueño. El relato comienza desde la perspectiva prosaica y gris de la existencia que la madre del soñador posee, y va desenvolviéndose en un progresivo acercamiento a la figura de Sebastián. Las secuencias fundamentales de esta primera sección vendrían a producirse en los momentos de la confesión de Sebastián a su madre, la apuesta con Aquiles acerca del futuro –donde hallamos un enfrentamiento neto y claro de posiciones vitales– y la afirmación definitiva del sujeto en lo que considera su derecho único y primordial: la sed de sueño en que vuelca todas las energías de su vida.

Tras la transición que en el plano de la estructura supone la muerte de Adela, se incoa la segunda parte del relato, que se refiere al "proceso" que ya en soledad irá realizando el protagonista desde su elección (plano moral) pero también como materialización de su destino (plano existencial y trágico: literario). Este segundo tramo contendrá a su vez cuatro secuencias fundamentales: la "nueva fe" de Sebastián, que implica su "no" a todo lo que no convenga a la apertura de su sueño: una renuncia al mundo. Esta toma de partido absoluta derivará en un proceso de descontrol de sus propias facultades vitales, que le llevarán a sentirse poseído por las fuerzas imperiosas de un sueño que avasalla a su servidor. De esta situación surgirá la ya citada y progresiva desposesión de todo atributo físico así como de la dosificación de su voluntad, tanto más debilitada cuanto más cerca se avecina la apertura de la puerta. Este estado de indefensión convierte la realidad en un mundo de sombras definitivo y al personaje en un paria irreconocible para la multitud. La resolución, por lo tanto, comporta la muerte de Sebastián en la pobreza y soledad más absolutas. Y es aquí, en la resolución narrativa, donde Donoso se sirve del dispositivo temático de la apuesta, que se reactiva para dar unidad y cohesión al relato pero, sobre todo, para apuntar la perspectiva de su lectura y hermenéutica.

Resulta interesante insistir en este desenlace para elucidar los planos simbólicos y culturales referidos. Dos rápidas secciones estructurales vuelven a surgir en este final, que también participan de la dualidad antinómica que ha servido como cañamazo a la construcción del texto. La muerte de Sebastián se producirá justamente ante otra puerta: la puerta trasera o de servicio de la lujosa mansión de su antiguo jefe Marambio. En una gélida noche invernal quedará aterido y congelado, sin que haya conseguido la mínima limosna del veloz Aquiles. Otra puerta, pues, en este caso cruel, física y bien asentada en sus goznes negativos, será el único escenario que asista al último suspiro del soñador. Un "rostro ya sin nombre" quedó dormido en el umbral de esa "puerta de atrás". Es entonces cuando Donoso ofrece un vuelco absoluto en los hilos de la narración. La segunda parte de este desenlace, que corresponde a su dimensión parabólica, ofrece la aparición de nuevos personajes donde quedará depositada la entraña interpretativa de la apuesta y, por ende, del sentido pleno –aunque indemostrable– de la fábula. Y así, la mañana de domingo que sigue a la última noche de Sebastián, "el cielo amaneció despejadísimo, azul y frágil y delgado como un volantín inmenso". El motivo del volantín remite a las figuras infantiles, y así surgen las dos hijas de Aquiles Marambio, que acuden a la obligación religiosa de la misa dominical, en pleno acuerdo de un consagrado "orden de las familias". A su regreso descubrirán el cuerpo inerte de Sebastián, que será descrito por el narrador desde una óptica nueva y curiosa. Aparece, en efecto, como un rostro "transfigurado por una expresión de tal goce, de tal alegría y embeleso" que provocará la reacción admirativa de una de las niñas, momento que escoge sabiamente Donoso para filtrarse en la perspectiva infantil de la realidad, tan cercano a la que tuvimos al comienzo del relato, cuando fuimos conociendo el espíritu de Sebastián. Así pues, el broche final obedece a esta vuelta de tuerca valorativa de los hechos. Para la mirada infantil, el muerto está sumido en un nimbo de belleza, por lo que resuelven "que nunca más le harían caso a la gente grande que les tiene tanto miedo". Asimismo, el hecho de que el mendigo aparezca ante la casa del poderoso Marambio –ante la ley, por tanto– le obliga a promover un funeral a su cargo, evitando con ello que "lo echaran así no más a la fosa común", con lo cual la apuesta de ambos personajes terminará inesperada e irónicamente a favor de Sebastián, que ganaría la partida contra todo pronóstico.

Pero no olvidemos que el contenido de la apuesta suponía el reconocimiento de la validez de la decisión vital del soñador: consagrar su vida al "conocimiento" de su sueño y, con él, a la transmisión universal de su riqueza. Y si bien es cierto que el lector no podrá nunca saber si Sebastián llegó a abrir la puerta cerrada de su existencia, sí es importante reconocer que su rostro "transfigurado" parece un atributo confirmatorio de su empeño. Mas sobre todo importa considerar que la aparición de su "bello cadáver" implica un cambio decisivo en el modo de ver la realidad, la vida y la muerte, de las niñas a quienes el narrador ofrece su última valoración de la fábula. La sonrisa en los labios muertos de Sebastián es objeto de una metamorfosis en los umbrales de una puerta tradicional, con vistas a que nuevas puertas en la mentalidad de los seres puedan surgir y ser abiertas. La muerte pierde su connotada atribución maldita, su esencia de tabú para la mirada infantil, con lo que el contenido universal que latía tras la puerta de los sueños de Sebastián parece penetrar estas almas en ciernes y formación. El propósito moral del personaje, la almendra ética y kantiana de su naturaleza monadológica registra una dimensión, pues, de alimento trascendente, rompiendo también así los sólidos muros de su prisión, de su mónada, de su autismo, de su individualidad, para fundirse en otros espíritus y sellar la sensibilidad de los otros, abriendo por fin esas puertas selladas por la tradición, la rutina mental y los prejuicios.

Esta conclusión de la "nouvelle" de Donoso participa, así pues, de una base filosófica y conceptual, pero también se sirve de la tradición popular, de los cuentos infantiles y de las fábulas morales. La perspectiva "liberada" de las niñas recuerda otros importantes cuentos del siglo XX, donde la mirada de los infantes implica toda una carga ideológica, moral o destructora de cimientos sociales. Sería muy interesante revisar, al respecto, cuentos como "Casa de muñecas" de Katherine Mansfield, en la conclusión narrativa que cede su peso semántico a la perspectiva infantil y postrera. Al mismo tiempo, relatos tradicionales y alegóricos, como "El príncipe feliz" de Oscar Wilde o el mítico "La pequeña cerillera" resuenan en la lectura del texto donosiano. La audaz golondrina que pierde su vida en el cuento del irlandés despojando las joyas que engalanan la escultura del príncipe, que también consagrará su existencia a la piedad y al bien universal, son personajes de una estirpe emparentada con la de Sebastián Rengifo. La palabra "pordiosero", por ejemplo, es la utilizada en el relato por quienes detentan el poder económico, social y cultural, y es aplicada a los despojos de lo que fuera la bella estatua del príncipe, convertida al final del relato en una "imagen desarrapada". El corazón del príncipe, como la sonrisa de Sebastián, no admitirá la combustión, y el plomo con que se forjó su materia no llegará a fundirse, por lo que será arrojado al estercolero junto al cadáver de la golondrina muerta. La conclusión del bello cuento de Hans Christian Andersen, por su parte, participa de una estructura y de una cadencia muy afines a las utilizadas por Donoso en los últimos párrafos de "La puerta cerrada".

Las redes textuales de la creación donosiana podrían extenderse y hallaríamos en su interior otras conexiones temáticas, donde también la metáfora de la "puerta" establece parangones. Tomada en su polo más negativo, la puerta ante la que el campesino esperaría durante toda una vida, descrita por Franz Kafka como la "puerta de la ley" establece un entronque con "La puerta cerrada" del chileno. En el breve texto de Kafka, una parábola que reutilizó el escritor checo para un capítulo central de su novela "El proceso" (Cap. IX), un poderoso portero revela al final de la larga espera del campesino la "individualidad" de la puerta ante la que el hombre aguardó inútilmente durante "días y años". La revelación de una "ley" intrínseca, particularizada y, por ende, fatal, coincide con el cierre definitivo de la puerta, es decir, con la anulación de toda esperanza y la derogación de toda piedad. La puerta de la "leyenda" de Kafka –narrada en el interior de una catedral- se contrapone a la que finalmente parece haberse abierto en el momento culminante de la vida de Sebastián: el de su muerte. La puerta es el sometimiento a una vida "ante la ley" ("Vor dem Gesetz") (Kafka: 1989, 262–263). Por lo tanto, el sentimiento de impotencia y de ironía trágica son opuestos a la paradoja romántica y a la justicia poética que, en la perspectiva ya señalada en cuanto a la interpretación del texto, destila su "moraleja".

El segundo relato con el que establece una hermandad la obra de Donoso es "La puerta en el muro", otra "nouvelle" de H. G. Wells. Ya el título nos invita a reflexionar en las coincidencias, pues también aquí el protagonista, Lionel Wallace –en cuyo apellido resuena la fonética del muro– mantendrá durante toda su vida el recuerdo de una experiencia juvenil determinante y luminosa. Momento en que se detuvo frente a una puerta verde y cruzó sus umbrales, descubriendo intramuros un jardín edénico de resonancias fantásticas, que un grimorio sella y unas páginas vivientes le permiten leer al mismo tiempo que experimenta con todos sus sentidos (Wells: 1984, 25–26). La parábola del relato, empero, produce los efectos contrarios a la narrada por Donoso. En este caso el protagonista postergará negligente e infinitamente la posibilidad de franquear el verde dintel, abdicando de su magia y su belleza, en un proceso inverso al de su triunfo social y sus éxitos profesionales. La persecución tenaz de la utopía que detenta el personaje de Donoso se enfrenta aquí a un itinerario inverso. En su texto se demora el fruto de la búsqueda hasta el final, que también será ambiguo; en el caso de Wells, su recuperación. Un universo de conjeturas rodean sendas narraciones: "¿Acaso hubo alguna vez una puerta verde en el muro, después de todo?" se pregunta y nos cuestiona el narrador de Wells (1984: 44–45). El protagonista también será uno de esos "soñadores, estos hombres visionarios e imaginativos", como también podría haber definido a Sebastián el narrador de Donoso. Pero, una vez más, la amargura asoma al final de la lectura del inglés. Una sonrisa, en cambio, se dibuja en la del chileno: la del pordiosero, la de las hijas de Aquiles, acaso la del lector también.

"La puerta cerrada" expone así pues otra crónica de una muerte anunciada, pero no por ello grabada en los pergaminos de una ley fatídica. El desprendimiento de todo lo innecesario y baladí a favor del destello de auténtica ley moral, como nuevo imperativo categórico del deseo. Un sueño monadológico, propio de una criatura singular y absolutamente irrepetible, única. Una mónada triste y apagada, sin ventanas, con una única voluntad apetitiva, guía y faro de su peregrinaje: inundar de una nueva luz un mundo fangoso, descreído y más triste aún que la noble apariencia de su soñador; transferir, donar como tributo al resto de los mortales aquellos inefables prodigios que la maquinaria del sueño le obsequió, como privilegio a su más porfiado peregrino, a su más hermético y abandonado perseguidor.

Obras citadas

ANDERSEN, H. C., *Cuentos completos*, 4 vols., ed. Enrique Bernárdez, Madrid, Anaya, 2004.

BACHELARD, G., *La poética de la ensoñación*, trad., Ida Vitale, México, FCE, 1977.

BÉGUIN, A., *El alma romántica y el sueño*, trad. Mario Monforte Toledo, México, FCE, 1983.

CASSIRER, E., *Kant, vida y doctrina*, México, trad. Wenceslao Roces, FCE, 1974.

DONOSO, J., "La puerta cerrada", en *Cuentos*, Barcelona, Seix-Barral, 1973.

KAFKA, F., *El Proceso*, trad. Isabel Hernández, Madrid, Cátedra, 1989.

LEIBNIZ, G. W., *La monadología,* en *Opúsculos filosóficos*, trad. y prólogo de Manuel García Morente, Calpe, Madrid, 1919, págs. 51–77.

MOIX, A. M.: "Prólogo" a José Donoso, "La puerta cerrada", en *Cuentos*, Barcelona, Seix-Barral, 1973.

NOVALIS, *Enrique de Ofterdingen*, trad. José Antonio Minués, Barcelona, Bruguera, 1983.

WELLS, H. G., *La puerta en el muro*, trad. Gianni Mion, Madrid, Siruela, 1984.

WILDE, O., "El príncipe feliz", trad. Ricardo Baeza, en *El crimen de Lord Arthur Savile*. Madrid, Siruela, 1984.

Alberto Fuguet

De *donosiano* a simplemente Donoso

Donoso le tenía pánico al realismo o de quedar tildado de realista o de autóctono. No quería ser un autor chileno, entre otras cosas porque, en ese entonces, o desde su punto de vista, chileno implicaba realista, criollista, local.

Donoso no deseaba ser del pueblo.

Esperaba y quería otra fama y, sobre todo, creo, otros lectores, otros pares.

Cito un recuerdo de *Historia personal del "boom"*, un libro de no-ficción, quizás su único libro confesional (antes de los diarios y de *Correr un tupido velo,* al que considero un libro propio, aunque armado por su hija, Pilar) puesto que, como se ha visto después, con los años y las revelaciones de sus diarios, *Conjeturas sobre la memoria de mi tribu* es más bien eso: conjeturas, *riffs*, aproximaciones, engaños, esbozos, esquirlas de una autobiografía. *Historia personal del "boom"* no es tanto acerca del "boom", sino que es una suerte de autobiografía acotada. Es más acerca de José Donoso y de su persona y sus ansias y su lazo con el "boom" y cómo intentó ingresar a este grupo o mafia que con el "boom". No es algo así como *La historia secreta del "boom"*, sino algo más cercano a *La historia de mi lugar en el "boom"* o *Cómo un escritor de la periferia ingresó al "boom" y ahora lo cuenta.*

Tengo mucho que decir de *HPB* pero antes una cita:

> *Coronación* sí la había leído todo el mundo –en Chile, en esos años, existía aún un todo el mundo–, ¿para qué reimprimirla? Cuando Alone me llevó a casa de Marta Brunet, ella me dijo: "No he leído tu novela todavía, pero me interesa mucho porque dicen que continúas la gran tradición de realismo chileno". Las palabras de Marta Brunet me asustaron. Me hicieron comprender lo limitada que podía ser la apreciación literaria chilena de ese tiempo, cuando ni siquiera el lector más avisado, capaz de percibir mil matices en novelas contemporáneas europeas, se daba el estrato de la "realidad fielmente retratada" dentro del mundo de alusiones ambiguas que es una novela: era un ambiente bien intencionado, sin duda, con una o dos voces capaces de señalar cosas distintas que generalmente se resolvían en la chismografía de polémicas periodísticas muy personalizadas; pero, en esencia, un ambiente con poca cabida y tolerancia para actitudes literarias contradictorias o aparentemente marginales, un mundo sin variedad de gustos y posibilidades.

Historia personal del "boom" se adelantó a la idea de libro de crónica, de no-ficción personal, de la escritura del yo. Sin duda hay velos y máscaras, pero creo que son pocas. Es un libro muy superior a otros libros de memorias, partiendo por

Vivir para contarla. Quizás solo *El pez en el agua* de Vargas Llosa está a la altura. En *Historia personal del "boom"*, Donoso no cuenta tanto su vida personal sino de su vida literaria o de su estrategia para ser escritor, para arrancar de Chile, para ser otro tipo de escritor que el local al que lo lee "todo el mundo". Es, también, un libro táctico, una estrategia.

Donoso quiere dejar claro que lo hizo.
Que triunfó.
Que escapó.
Es la memoria como venganza.

Donoso es célebre por ser donosiano, algo no menor porque, de todos los del "boom", acaso es uno de los que cuyo apellido de inmediato convoca una forma de ver la vida. Lo *donosiano*. Donoso, ahora, es más que un apellido: es un adjetivo entre morboso y decadente, del encierro y la demencia, una manera rápida de encapsular vejez, deterioro, represión y clausura.

Donoso.
Donosiano.

Pero *Historia personal del "boom"* no es tan donosiano en el sentido de lo decrépito, lo encerrado, la decadencia. Es la historia de un triunfo. La edición final del libro, publicada en 1982, diez años después, viene con epílogo donde Donoso usa el otorgamiento del Nobel para García Márquez para comprobar, casi empíricamente, que el "boom" fue bastante más que un "invento publicitario" emanado desde Barcelona. En ese libro, además, convoca a una persona clave en su vida y en su obra: su mujer Pilar Serrano que escribe la mejor parte del libro final: *Historia del "boom" Doméstico*.

Un año antes de la reedición de *Historia personal del "boom"*, José Donoso editó acaso su libro más cosmopolita, liviano, soleado, sexy, con citas a Bowie y al mundillo gay de Sitges, con chicos ambiguos como Tadzio llamado Bijoux deambulando por un Madrid azotado por el calor y hasta se interna por los bazares de Marrakech. Se trata de *El jardín de al lado* que podría pensarse o leerse como su *Historia Personal del "boom"* en clave ficción. Ahí lleva sus verdaderas historias y ansias de ser un miembro del "boom" pero uno que no está a la altura que los autores ya consagrados y mitificados. Esta novela, que se pasea por una muy sofisticada España, llena de artistas y burgueses y miembros de la realeza, es un cosmos muy ajeno a la Talca rural de *El lugar sin límites* o las frías y mal ventiladas casonas santiaguinas de *Coronación*, *Este Domingo* y *El obsceno pájaro de la noche*. Me refiero a *El jardín de al lado*, su novela acerca del "boom", un libro en apariencia no-donosiano o no-tan-donosiano puesto que ese adjetivo cambia y muta después que Donoso, como ha dicho Cecilia García-Huidobro, se reinventa después de muerto.

¿Qué es lo donosiano?

Ya se sabe lo que es lo donosiano uno o el primer adjetivo donosiano: ahí están las viejas, el imbunche, las pensiones de mala muerte. Es el primer Donoso o el Donoso que siguió comiéndose al otro Donoso, el interesado en las máscaras, los velos, la identidad, los roles de género, la homosexualidad, los lazos tóxicos de pareja. Una novela como *El lugar sin límites*, me atrevo a afirmarlo, durante al menos treinta años, fue vista como un libro sobre lo esperpéntico y no como el libro del velo, de la confesión tangencial, como la mirada morbosa que mira un espectáculo esperpéntico, sí, pero también aterrador, excitante, prohibido, erótico. *El jardín de al lado* es un libro soleado, pero lleno de sombras. Y eso es un nuevo Donoso, otra manera de entender y procesar lo donosiano: es decir, lo donosiano ambiguo, que roza lo gay, lleno de claves, más liviano pero rodeado de oscuridad. El Donoso B que terminó, creo, superando al Donoso A. Aún aquello que se designa como donosiano convoca fantasmas y monstruos, pero lo donosiano B, sobre todo a partir de la publicación de sus diarios y la lectura de sus diarios por su hija, en ese notable experimento y exorcismo literario que es *Correr el tupido velo*, es aquel que, especulo, terminará por imponerse y que, por cierto, es mucho menos local que la primera acepción (burgueses en decadencia). Entre los libros que son parte de este universo paralelo están *El jardín de al lado*, por cierto, y *Tres novelitas burguesas*, *La misteriosa desaparición de la marquesita de Loria*, *Cuatro para Delfina*, *Taratuta*, *Conjeturas acerca de la memoria de mi tribu*, *La desesperanza* y *Donde van a morir los elefantes*.

El jardín de al lado es una novela en clave y la clave es quién realmente es Donoso (que la novela termina siendo escrita por el personaje de su mujer solo aumenta el morbo). Es la novela acerca del escritor impotente, incapaz de tomar decisiones, a la deriva. Es casi una novela española, pues es en la España de la *Gauche Divine*, pos-Franco, donde transcurre. Es la novela más Puig de Donoso y entre las más ligeras y contemporáneas y modernas de todo el "boom". Donoso escribe con humor, con sátira, con soltura, lleno de referencias y citas y con una prosa que a veces parece prestada del *art decó*.

A veces compensa tener amigos ricos.
Así parte la novela.

Este segundo Donoso, este nuevo Donoso, el Donoso después de Donoso, digamos, aquel Donoso que se escapó de lo donosiano y se transformó en un autor ambiguo, es aquel que se interesó mucho en los temas que se asocian a su nombre, y también, agrego, la idea del escritor, la épica y la maldición de crear, la posibilidad de triunfar o no. De ahí Chiriboga, el novelista ecuatoriano que superó con creces la fama de Donoso. Donoso –es bueno constatarlo– escribió mucho acerca de escritores. Muchos de sus personajes lo fueron. Ahí está *Taratuta* y ahí está *Donde van a morir los elefantes*, y también ese bello cuento llamado *El tiempo recobrado*.

Y está *El jardín del lado*, que es algo así como su fantasía personal acerca del "boom". Una fantasía curiosa, donde se coloca al centro y a la vez afuera del "boom", en un *alter ego* (Julio Méndez) que, como el autor perdedor, aquel no triunfó, como Vargas en *El jardín de al lado*, es una oda al Donoso que no triunfó, el que no fue a Yucatán, a ese mítico congreso, el que no conoció a Carlos Fuentes. En *El jardín de al lado* el autor es impotente en todos los sentidos. No triunfa. No es capaz de lograr los que los otros del "boom" logran, es tentado por aquello que está al alcance de su mano. Donoso se ve así mismo con ojos de rayos X y su diagnóstico es fatal: no hay peor neurosis que no ser invitado a la fiesta, que no ser parte de los elegidos, no hay destino peor que lo doméstico y el mayor traidor que acecha es la propia pareja. Donoso se hizo célebre por indagar y perderse en lo monstruoso, pero en *El jardín de al lado* el monstruo es la rutina, es envejecer al lado de alguien que te potencia a la hora que te anula y exaspera. Pero lo monstruoso también es la tentación del éxito y aceptar la mediocridad y el fracaso. El autor chileno *alter ego* de Donoso que es conminado por su agente literaria, la catalana Nuria Monclús, a intentar escribir una novela acerca del Golpe de Estado que pueda transformarse en un éxito.

Donoso, que creía en el juego de espejos y máscaras y velos y *Dopplegänger*, terminó a comienzos de los ochenta dejando todo pavimentado para el Donoso que reaparecía después de su muerte con las lecturas de sus diarios y las publicaciones de estos, ya sea de mano de su hija, o de Cecilia García-Huidobro. *Historia personal del "boom"* y su novela *El jardín de al lado* son dos caras de una misma medalla. Uno es acerca de un autor que no es del todo parte del "boom" y el otro es acerca de lo mismo. En ambos, procesado por la ficción o intentando una no ficción calmada (no del todo frontal), Donoso se enfrenta al Donoso que quizás lo acomoda más: el escritor fracasado, mutilado, tullido. El que casi llegó, pero no lo logró del todo, no como Vargas Llosa ni menos como el gran Marcelo Chiriboga. Donoso es y no es Julio Méndez. No fracasó pero, por otra parte, tampoco triunfó.

Casi una década antes de ficcionalizar su carrera de escritor chileno en España, Donoso se la jugó por un curioso texto táctico que lo puso al centro y, a la vez, al margen, del fenómeno del "boom". Su crónica personal, de no ficción, llamada *Historia personal del "boom"*, y que se puede leer como un deseo casi carnal de Donoso por ingresar al "boom". Y lo logró con ese libro: escribe desde adentro del fenómeno y, de paso, se autodesigna el representante chileno. *Historia Personal del "boom"*, que es una obra maestra del *wanna-be*, del arribismo, de contarlo antes que termine. Donoso tenía terror, creo, de no ser el único chileno. Edwards llegó tarde y como cronista.

Diez años después, en *El jardín de al lado*, siente otra cosa hacia el "boom":

> El boom, corroído por la historia del gusto literario y por las exigencias estéticas de los jóvenes y las nuevas posturas políticas, era ya sin duda alguna, cosa del pasado, lo que me procuraba una modesta dosis de placer, incluso de paz: los nombres de aquellos a quienes hace diez años yo y todos los aprendices de escritor de mi época quisimos emular, imitar, igual, despasar, se habían marchitado: quedábamos sólo nosotros, los rechazados, como única esperanza... ¿por qué no se daba cuenta de eso Núria Monclús?

Luego insiste:

> Mi nombre es Julio Méndez ...uno de los nombre más brillantes de mi generación de escritores en Chile... Rodeado del respeto local por mis dos novelas y mi libro de relatos, ese respeto era siempre limitado por distintas versiones del mismo comentario: "su mundo es demasiado doméstico y personal, carente de esa ambición totalizadora que caracteriza a la gran novela latinoamericana contemporánea. Se espera que este escritor, que promete mucho aunque no es de lo más jóvenes, llegue a cumplir lo que al trasluz de sus novelas se vislumbra". ¿Vería yo mi nombre allá arriba –pese a la voluntad contraria de la superagente mafiosa– entre los de Vargas Llosa, Roa Bastos, Marcelo Chiriboga, Carlos Fuentes y Ernesto Sábato? Sí, eran los tiempos gloriosos en que no se hablaba de otra cosa que de *Cien años de soledad*, de *Aura*, de *Conversación en la Catedral*, de *La caja sin secreto*. ¿Dónde estaban –se preguntaban los periódicos santiaguinos–, dónde se escondía el Vargas Llosa chileno: cómo era posible que un país como el nuestro no tuviera un representante en el vilipendiado boom? Y sin embargo, ¡cómo emborrachaba el vino de la esperanza, cómo impulsaba el escozor de la envidia, de la necesidad de la revancha!

¿Cómo un autor chileno deja de ser chileno para conectar con lo universal es algo que se pregunta y pregunta Julio Méndez?: "No todos somos Pablo Neruda, que universalizó el caldillo de congrio. Pero, dime, ¿quién, que no haya vivido en nuestro mundo y tenga nuestra edad, aun en Chile, va a acordarse de quién era la Blance Fredes, y los hermanos Trullenque y la Anita Lizana?".

Donoso después de Donoso.

Es un gran slogan, sin duda, es la razón que convoca estas palabras, pero qué de verdad significa. ¿Qué esconde esto? ¿Acaso antes Donoso no era Donoso? Algo así. Eso implica. Pienso que, en parte, le faltaba mostrar algo y, por cierto, le faltaban lectores que entendieran. Donoso se disfrazó mucho y usó y utilizó muchos velos, algunos más tupidos que otros, pero una cosa es bien clara: intentaba mostrarse tal cual. Lo que pasa es que no podía, no se atrevía. Los diarios, claro, cambiaron todo. Sin duda no hubiera querido ser considerado un escritor *queer* o gay tal como se negaba a quedar ceñido como chileno o realista. Odiaba los motes. Pero tenía claro –creo, apuesto– que le faltaba un cierto tipo lector o, quizás, que lo leyeran de otra manera.

Por eso, al final, no quemó los diarios.

¿Donoso antes estaba escondido?

Para nada: costaba verlo. Y él tampoco deseaba mostrarse del todo. Faltaba una parte y esa parte no es solo sexual. Aquí lo que importa no era su vida privada; lo que importa es cómo esos trozos de confesiones iluminan su parte oscura, cifrada, tangencial, secreta. El Donoso codificado. Donoso deseaba un lector más atento pero a la vez lo aterraba.

Donoso después de Donoso.
¿Qué significa eso?
¿Donoso se reinventó?
¿Sí? ¿O lo reinventaron? Ambos.

Algo pasó con la aparición de esos trozos del diario, sacados fuera de contextos que aparecieron en el diario *La Tercera* y que pasó, primero, a esa venganza contra la prensa y el cotilleo que fue *Correr el tupido velo* de su hija Pilar Donoso y, luego, este *Donoso en progress*, una selección de sus primeros quince años de escritura secreta (los diarios guardados en Iowa).

Quiero irme entonces por un "otro Donoso".
El que apareció después, digamos.
El que viene después del otro Donoso.

Este Donoso Dos que, por un lado, bombardea el viejo Donoso y, por el otro, lo intensifica y aumenta y potencia. Como ya dije y para que quede claro: aparece un José Donoso menos donosiano quizás, en el sentido ya clásico, aunque, ahora con las nuevas revelaciones, que altera la mirada de su obra, acaso este Donoso es más donosiano que el que se armó al solo leer o considerar las obras típicamente donosianas. La gracia de ciertos autores que terminan como clásicos es que tienen muchas aristas. Básicamente lo digo aquí frente a todos y puedo errar o equivocarme.

Cada uno tiene derecho de tener una parte favorita de un autor.

El Donoso que me interesa es el supuestamente *light*, el accesible, no tan donosiano en el sentido de los temas que son sus caballos de batallas: la decrepitud, las ancianas, las casas viejas. Me interesa más que el Donoso burgués, que el lumpen o el proletario. Me parece que hay mucho de Donoso en sus novelas más europeas y "modernas", como *La marquesita* o *Tres novelitas burguesas* o algunos de los cuentos de *Cuatro para Delfina*. Como en todo gran artista, en todos los libros de Donoso esto se cuela, pero hay algunos en que el mundo en el que ingresa es más burgués, menos lumpen o cerrado, menos opresivo en apariencia. Estos libros y cuentos son cosmopolitas, transcurren en distintas partes del mundo, o en reductos de la burguesía chilena como el balneario de Cachagua.

Este Donoso después de Donoso del que se ha hablado en Santander ha catapultado a Donoso y lo ha vuelto estrella. Por fin. ¿Qué pasó? ¿Es el velo que se corrió? Es quizás dejar de tener miedo y dejar de leer todo en clave. Lo cierto a más de veinte años de su muerte, Donoso ha renacido. Tuvo una nueva oportunidad. Está muy vivo. Me atrevo a decir que más que cuando estaba vivo y más después de su muerte. Donoso fue preso, creo, de estereotipos y torpezas y mala suerte. Era considerado un escritor viejo que escribe de viejos. Era visto como canónico y sus libros se designaban en los colegios donde pocos los leían o eran poco entendidos por complicados. Públicamente era visto como un viejo mañoso. Todo esto cambia con la apertura de sus diarios. Se ha vuelto moderno, joven. Con deseo. Se ha vuelto *queer*, gay, algo que le hubiera dado asco y terror y lo hubiera enviado al hospital. Lo ha *agiornado*, lo ha hecho más contemporáneo. También Donoso ahora es más monstruoso y eso funciona pos cómics, novelas gráficas, etc. Donoso superaba a muchos con lo monstruoso; hoy lectores fans lo consideran un adelantado. El cine de Lynch y de Guillermo Del Toro ha validado su mirada a lo deforme, a lo monstruoso.

Correr el tupido velo, por ejemplo, me hizo volver a las novelas de Donoso pero también a la experiencia extremadamente donosiana de haber ido a su taller, a su casa de la calle Galvarino Gallardo. Yo, la verdad, no era tan fan de Donoso antes que Donoso fuera otro Donoso, este nuevo Donoso. Donoso era colegio. Lo asociaba a tarea. Eran viejos, eran viejas, eran casas decrépitas. Luego leí o releí y entendí los códigos y los velos de *El jardín de al lado* y me pareció fascinante que le traspasara a Patricio o Patrick, el hijo del novelista chileno que no posee la fama del resto, la homosexualidad que tenía su autor.

Algo pasó con Donoso después de Donoso.

Después de su muerte aparecieron algunos libros inéditos que, lo confieso, no leí o me interesaron poco. *El mocho. La cola de la lagartija.* Pero luego empezaron los rumores… Los diarios se iban a abrir… ya los estaban leyendo… y todo estalló esos dos o tres domingos de adelanto sensacionalista en *La 3* con Marcelo Soto sacando del *closet* de Donoso. Al final, Pilarcita Donoso decidió tomar el toro por las astas y luego, con el tiempo, sin sensacionalismos, Cecilia García-Huidobro se enfrentó a los primeros diarios, casi quince años de diarios y, juntas las dos, lo revivieron, remixearon, resamplearon.

Todo partió por *Correr el tupido velo*, frase clave de Donoso. ¿Qué era el velo? ¿Qué había que correr? *Correr un tupido* velo es quizás el segundo gran libro de José

Donoso. Es el libro más híbrido y siglo XXI de un autor tan siglo XX; un libro escrito a tres voces acerca de lo ficticia que puede ser la no-ficción; quizás el más aterrador tratado acerca de lo que encierra una casa y de lo enfermo y tóxica que puede ser una familia, un matrimonio, y una mente creativa, frágil y no tratada a tiempo.

> ...Lo terrible de la muerte de mi mamá, y supongo que será igual con la muerte de todos nosotros, es que a la semana es como si nada, como si ninguna tragedia hubiera ocurrido. La vida sigue... La muerte carece de importancia. Es un gran hueco negro en que todos caeremos y nadie nos recordará mucho tiempo después... yo ya ni recuerdo. No por eso estoy menos conmovido. Pero el estar conmovido con su muerte altera menos mi vida de lo que yo hubiera creído...

Donoso no alcanzó a conocer muchas cosas. No supo del Nobel a Dylan, que Patti Smith se convertiría en escritora, que yo remixearía su novela *El jardín de al lado* en clave gay con Chiriboga y la agente Nuria Monclús al lado (eso es *Sudor*). Tampoco se enteró que el autor latinoamericano más célebre del mundo pos-Gabo sería un chileno patiperro llamado Roberto Bolaño, fascinado con el porno, los nazis, México y la frontera, y los asesinos en serie. Ni que, años después de su muerte, su secreto tan temido, se volvió la llave a entenderlo mejor, leerlo más, valorarlo y provocar un nuevo Donoso, con la publicación y análisis de sus diarios tan escondidos.

Al parecer, cada tanto, Donoso intentaba revelar más. En 1976 aceptó participar en un documental acerca de sí mismo del entonces joven documentalista Carlos Flores. Se muestra, se abre, abre las cosas de su familia. Ha regresado al funeral de su madre y aprovecha de filmar. En esta cinta llamada *Pepe Donoso*, queda claro que Donoso, más que esconder, le gustaba mostrar, jugar, exponerse: ahí está con mendigos a pie pelado en la Quinta Normal, incómodo a pesar de su fama frente a sus pares (entre ellos Enrique Lihn), arrodillado como un niño aterrado frente a su terrorífico y pálido padre, sentado en una suerte de trono. A nivel emocional, el filme quizás no fue una terapia porque Donoso ya estaba adicto a esta. A Flores le comenta vía carta:

> ...quizás lo más débil sean mis intervenciones: son siempre sentimentales... pero quizás no lo hubieran sido tanto si hubiéramos ironizado un poquito presentando otros aspectos de mi personalidad, ya que en la película aparezco como un rebelde sentimental sin rebeldía real y con ribetes de bohemio. Estas cosas, aisladas, nunca fui: lo que fui, fue un niño bien fracasado a quien este fracaso le dio amargura y 'mala leche' como dicen aquí como para criticar aquello que no lo aceptó... lo que me parece peor es la banda sonora: quizás porque odio tanto el sonido de mi propia voz y la manera como hablo...

Donoso llevaba no solo más de doce años muerto (diciembre de 1996), sino estaba, incluso para mí, algo embalsamado cuando renació. Correctas pero aburridas adaptaciones y la idea, incrustada en nuestro inconsciente colectivo, que Donoso era "un autor para leer en el colegio" lo estaban transformando en un autor poco leído. Hace unos años surgió la idea, con los descubrimientos de sus diarios, que el Donoso *dark* y retorcido podía ser interesante pero la idea no prendió más allá de lo académico. Uno de los mayores temores de Donoso era ser reducido a una sola cosa. *Correr el tupido velo* deja claro que era demasiadas cosas a la vez. Donoso regresa a la vida no en manos de otros sino por sí mismo y con la aliada más indicada: su hija que, a diferencia de lo esperable, más que dedicarse a censurar se enfrenta cara a cara con sus fantasmas.

> Lo que hay detrás de una máscara nunca es un rostro. Siempre es otra máscara. Las máscaras son tú, y la máscara que hay detrás de la máscara también eres tú y así sucesivamente y con todas las cosas. (…) Las distintas máscaras son funcionales, las usas porque te sirven para vivir. Yo no sé lo que es eso de la autenticidad. Lo que sí creo es que la vida humana consiste en un refinado y complejísimo sistema de enmascaramientos y simulaciones. Tienes que defenderte.

Antes de este sorprendente libro, suerte de manual en ácido para todo aquel que desea ser escritor o es escritor o conoce a alguien que lo sea ("me gustaría tener más fuerza de la que tengo, pero por otro lado tengo una fuerza que la gente no tiene, mi escritura"), pienso que hace un buen tiempo que Donoso no estaba vivo (en el verdadero sentido de la palabra) y que, ahora, sin duda, está de vuelta.

Sin duda.

Se ha vuelto necesario, relevante, indispensable, actual.

Pepe Donoso ahora es José Donoso, o Donoso, el narrador del inconsciente colectivo chileno, pero más que eso: un autor universal, el autor obsesionado con las pesadillas y la casa-como-claustro, el Stephen King / David Lynch de los horrores y secretos y trampas que produce esa provincia llamada Chile y ese núcleo incestuoso llamado familia.

Donoso no logró un triunfo a lo Vargas Llosa o García Márquez o Carlos Fuentes. Hizo algo más moderno e interesante: resucitó, se reinventó, logró ser de nicho. Cuando me acerqué a él como autor que había que leer en el colegio no era un autor pop, era un autor serio, denso, lejano. Tuvo mala suerte con sus adaptaciones de cine, que le quitaron todo lo perverso. El mundo de Donoso es de deseo, es *queer*, es raro y un poco asqueroso y donde lo deforme y monstruoso y travestido es clave. Esto lo hace joven, nuevo. Conecta. Su novela *El lugar sin límites* le traía, siento, dolor o complicación por el tema gay, pero ahora es de culto. Creo que Donoso es bien único. Carlos Fuentes que tanto lo ayudó es un autor que se va disipando mientras que José Donoso crece y crece.

Por algo vamos a celebrarlo.

Cecilia García-Huidobro

El escritor que se reinventó veinte años después de su muerte

La última vez que Donoso escribió en su diario, esos cuadernos en los que construyó un biorritmo de tinta durante cuarenta y cinco años, un especie de andamio que sustentó su fachada vital y el gran edificio de su obra; el relato de los relatos donosianos; ese lugar donde se probó todas las máscaras, que luego serían una suerte de santo y seña de su poética. La última vez que Donoso escribió en su diario, decía, anotó algunos punteos e ideas para una nueva novela que planea llamar *Los pequeños acertijos*. Se puede decir entonces que José Donoso murió con la misma desesperación que vivió: tratando de escribir una obra que fuera relevante de acuerdo a sus exigentes estándares estéticos.

No necesariamente esto lo apunta en los prolegómenos de su muerte. En realidad la última entrada de su diario, a diferencia por ejemplo de Arthur Schnitzler, que escribió en sus cuadernos de vida prácticamente hasta el último aliento, data de un año antes de su muerte, ocurrida los primeros días de diciembre de 1996. No sé si valdrá la pena indagar en las razones por las cuales suspendió esta escritura que lo había acompañado hasta formar parte de él, como una respiración hecha con palabras. Desde luego, porque una interrupción de ese tipo no necesariamente puede ser aclarada del todo. Emilio Renzi, el *alter ego* de Ricardo Piglia, puntualizó que "La vida no debe ser vista como una continuidad orgánica, sino como un collage de emociones contradictorias, que de ningún modo obedecen a la lógica de causa y efecto" (Piglia, 2017: 11).

Cualquier explicación, por tanto, está obligada a entrar al plano de las conjeturas. Un territorio, por lo demás, muy afín a Donoso, al punto que el último libro que publicó en vida, convirtiéndose en una suerte de testamento anticipado, se llamó precisamente *Conjeturas de la memoria de mi tribu*. Como sea, dejemos consignado que el abandono de la escritura de su diario podría deberse a severos problemas de salud que lo limitaron mucho en los últimos años, pese a no ser un hombre de tan avanzada edad, murió a los setenta y dos años recién cumplidos. Sin duda que los múltiples achaques que le produjo una deficiencia hepática –un hígado traicionero, al igual que el de Roberto Bolaño– puede haberle restado energía para continuar con su diario con la perseverancia con que lo había hecho siempre. Sin embargo, no sé qué tan convincente pueda ser ese argumento cuando sabemos que, pese a todo, José Donoso siguió escribiendo hasta el final. Meses antes de morir firmó con TELEVISA –el monstruo televisivo mexicano que ha reinado por décadas en América Latina–, un contrato para escribir una teleserie, un culebrón, un folletín televisivo, desconozco el nombre con que se denomina aquí a eso que los gringos llaman *soap opera* y que, obviamente, parece el género más alejado posible de la escritura de Donoso.

¿Lo habrá hecho por dinero?

Seguro, fue la obsesión de sus años postreros, muy especialmente cuando empezaron a llegar con demasiada frecuencia las cuentas médicas suyas y de su mujer.

–¿Qué lo motivó a aceptar el proyecto? –le preguntó un periodista en agosto de 1996.

Un Donoso socarrón respondió:

–Dos razones: La posibilidad de incursionar en un género nuevo para mí y lo tentador del pago.

Cabría cuestionarse entonces si Pepe ¿se habría vuelto un sicario de la escritura?

Sin duda que no. Que lo hiciera por dinero no cambia un ápice la forma asombrosa y hasta desgarrada en mi opinión con que siempre se plantó ante la creación: un pozo profundo donde bucear a ciegas entre ciertas preguntas, ciertos dilemas que recorren la condición humana. De hecho, no se cansó de enfatizar que le atraía de la televisión el desafío de trabajar con nuevas ideas.

Fue así como en una entrevista en el diario *El Mercurio,* apenas dos meses antes de su muerte, afirma que ha llegado a la televisión "por la profunda convicción de que es un método moderno, muy nuevo y que me interesa".

El periodista contrataca haciéndole ver que había dicho "que aceptó por necesidad económica". Pero Donoso no ceja: "Más bien por una necesidad interior. El deseo de ampliarme en una nueva perspectiva, de hacerme más grande".

Ocurre que en Donoso nada posee un significado unívoco, cerrado.

Pero me estoy yendo por las ramas, cosa que, tratándose de Donoso, no cuesta mucho pues su figura, su historia, su obra más que desplazarse de manera lineal, lo hace en forma caleidoscópica.

Vuelvo, pues, a la última entrada de su diario y su plan de escribir un relato bajo el título de *Los pequeños acertijos*. Dejo de lado las notas que nuestro autor consigna como ingredientes para construir la historia y me quedo con el título que me parece una señal poderosa considerando que es lo último que escribe en su diario. Mientras intentaba descifrar la endemoniada letra de sus cuadernos, me preguntaba si era casual que los últimos esfuerzos de su diario estuvieran centrados en la creación de acertijos.

¿Cómo interpretarlo?
¿El autor quería dejar una especie de advertencia?
¿O acaso Donoso buscaba entregarnos una guía cifrada, un mapa en clave de cómo llegar hasta los lugares más oscuros de su creación?

No era acaso que lo que Donoso parece decirnos es que enfrentarse a su obra es estar plantado frente a un acertijo, entendiendo que un acertijo es un ejercicio para leer entre líneas, internarse por recovecos, buscar atajos y/o emprender rodeos con el fin de entrar a niveles de mayor profundidad dejando atrás el pensamiento más superficial, así como las primeras reacciones.

Como si esto fuera poco, en la página siguiente del diario me encontré con que no solo tenía el título para ese relato sino también había seleccionado un epígrafe, tomado –y esto me parece muy esclarecedor– de Las *Memorias de una máscara,* de Yukio Mishima, una frase en la que vuelve a aparecer la idea de acertijo –*riddle*– y que refuerza la pauta de cómo abordar la obra donosiana: "For me, love was nothing more than a dialogue of little riddles, with no answers given".

Cualquier carta de presentación del escritor José Donoso –digamos, la historia oficial– dirá que nació en Santiago en octubre de 1924, y que tuvo una buena educación, en la que sin embargo no se adaptó del todo, de modo que transitó por varios colegios de los que huía para asilarse en la Biblioteca Nacional a leer. Su primer cuento lo escribe y publica en inglés mientras estudia en Princeton. Al regresar a Chile publica "China", en la *Antología del nuevo cuento chileno* que es considerada algo así como el certificado de nacimiento de la generación del cincuenta, que integrarían además Jorge Edwards, Enrique Lihn, María Elena Gertner, Enrique Lafourcade, entre otros. En 1957 aparece su primera novela *Coronación*, con gran éxito de crítica –y que ha sido adaptada al teatro y al cine. Poco a poco se suman los títulos[1] que lo van a situar como uno de los más relevantes narradores latinoamericanos y miembro del aplaudido y debatido Boom, al que le dedicó un personalísimo ensayo publicado en 1972, donde subrayó esa fisura que sería su marca vital y poética. Según él mismo recuerda en el libro, los críticos definieron que el Boom contaba con cuatro sillas fijas: García Márquez, Vargas Llosa, Carlos Fuentes y Cortázar, y una más movible, rotatoria, cambiante en la que algunos, a veces, lo ubican a él. Una vez más, entonces, Donoso hará gala de una cierta ambigüedad constitutiva de su personalidad, de su posición

1 *Este Domingo* (1966); *El lugar sin límites* (1967); *El Obsceno pájaro de la noche* (1970); *Tres novelitas burguesas* (1973); *Casa de Campo* (1978); *El jardín de al lado* (1981); *La desesperanza* (1986); *Donde van a morir los elefantes* (1994); entre varios otros.

en el mundo social y de su escritura. Una fisura irremediable que hace equívoca la realidad que vemos.

Como sea, esta obra consolidó su prestigio e instaló a Donoso en el panteón de celebridades, donde para muchos fue el más ensimismado de la especie, algo reñido con la efervescencia intelectual y política imperante en las décadas del 60 y 70. Según Carlos Fuentes, "nadie plantó un pendón en el reino de la imaginación con más aparente soltura que el más literario de todos los literatos del "boom", el chileno José Donoso".

El más literario de todos los literatos del Boom: así lo conocimos, así lo leímos, así lo aplaudimos, así lo enterramos. Y aunque Donoso sí fue un gran lector convencido que mediante los libros se ahonda y conoce mejor la realidad, reducirlo a un escritor "literatoso" es una simplificación que deja afuera enigmas que conformaron su compleja personalidad y escritura.

Lo primero que me alertó en este sentido sucedió luego de leer sus artículos periodísticos. Entre 1960 y 1964 José Donoso formó parte de la redacción de la influyente revista *Ercilla*. Prácticamente treinta años después, el año 1995, le propuse que hiciéramos una recopilación de su trabajo periodístico. Me costó convencerlo, y tuve que lidiar con sus constantes cambios de opinión, lo que me obligó a leer muy detenidamente cientos de crónicas para poder contraargumentar, cuando a Pepe le bajaban las dudas. Así pude darme cuenta que este novelista, que siempre se le retrataba como un autor europeizado producto de su devoción por la literatura anglosajona que conocía al revés y al derecho, fue un hombre que recorrió detenidamente nuestro país, que se empapó de su paisaje y sobre todo de su geografía humana. Fue, no solo lo que en jerga profesional se denomina un "periodista con calle", sino que fue una especie de etnógrafo que se internó en lo que podríamos llamar un Chile profundo. Numerosos de sus artículos así lo reflejan: crónicas sobre cárceles infantiles, el mundo mapuche, el caso de una dama francesa que vive en la miseria en una zona costera chilena, la decrepitud en hogares de ancianos, el infierno de la locura. Tópicos invisibilizados en la prensa de la época y que afloraron en la mirada de un autor nada literatoso…

Mauricio Wacquez, escritor y vecino mientras vivió en el pueblo de Calaceite, subrayó agudamente este rasgo:

> Después de la publicación de *El Obsceno pájaro de la noche*: escuché que alguien se extrañaba de los contenidos mitológicos del folclore chileno que llenan el libro. Toda curiosidad, todo el fervor intelectual daba cuenta del profundo conocimiento que Donoso tiene de su país, de sus ritos ancestrales y del esfuerzo de pioneros que representa aún "vivir en Chile". La observación de Donoso se detiene sobre todo en los mundos que están prontos a desaparecer, los circos rurales, los organilleros, o los que han

> desaparecido, como los pueblos que arrasaron los terremotos y no volverán a la faz de la tierra. Sea como fuere, veo en la descripción de estos temas una suerte de investigación personal, es decir, una búsqueda del yo a través de los mil vericuetos del paisaje que debe constituirse en sustrato de la obra.

Por eso, cuando Donoso deja Chile en 1964, en un periplo que durará diecisiete años, ha internalizado un mapa del territorio político y espiritual. Eso explica la aparente paradoja que, viviendo fuera, gran parte de su reconocida obra está orientada a desentrañar los más profundos intersticios de la sociedad chilena.

En 1998 se publicó la primera recopilación de sus artículos periodísticos, seguida luego de un nuevo volumen en 2004[2]. En la "Introducción" planteé que este material, considerado hasta ese momento más bien como un trabajo de sobrevivencia, no era posible dejarlo fuera de su obra general. A José Donoso hay que volverlo a leer considerando que esta aparente elusión del mundo público que se le atribuía no es una negación o renuncia, sino más bien como una constatación de su desconfianza en las apariencias y su búsqueda de los enigmas encerrados en aparentes verdades. Internarse en la realidad como se ha dicho solo contribuyó precisamente a negarse a renunciar a sus pliegues, dobles y oscuridades que indagó a veces con desesperación como se percibe en sus Diarios.

Hay que sumar su obra periodística como un eslabón más de su labor creativa.

Haber asimilado los rasgos más recónditos y oscuros de Chile no impidió que José Donoso necesitara tempranamente poner distancia con su país que lo fascinaba y repelía al mismo tiempo. Más bien eso no hizo más que acentuar la manía suya de salir, buscando, tal vez, sentir y dolerse de esa sociedad en la que se había formado y que terminó por poblarlo de sombras y ambiguos pliegues que conformaron su imaginario. La primera vez que se distanció de su patria fue a los veintiún años para irse a la Patagonia. En 1945 partió a una hacienda ovejera a ese territorio que todavía era visto como el fin del mundo, y si no pregúntenle a Chatwin, que treinta años después haría algo similar refugiándose en ese especie de no lugar… A diferencia de Chatwin, que luego publicó un libro sobre esa experiencia –*En la Patagonia*–, Donoso no escribió sobre eso. Pero, como narrador neto que era, luego lo ficcionalizó dando diversas y contradictorias versiones: a veces decía que no hizo nada más que leer *En busca del tiempo perdido* (toda una coincidencia haberlo leído ahí), mientras el helado viento austral se colaba por todas partes.

2 Se trata de *Artículos de incierta necesidad*, Santiago, Alfaguara, 1998; y *El Escribidor intruso*, Santiago, Ediciones Universidad Diego Portales, 2004.

En otras oportunidades optaba por mostrarse como el hombre de acción que nunca fue, contando una versión épica de su estadía diciendo que su trabajo consistía en matar e inmediatamente descuerar las ovejas que, caídas en fosas, no podían volver a pararse, mientras aves de rapiña les comían los ojos… Nunca sabremos lo que hubo de realidad y de ficción en esa experiencia y no importa demasiado.

Luego vinieron otras travesías con las que Donoso continuó su intento por contrarrestar la sensación de ahogo que le producía la vida santiaguina. Finalmente llegaría una inmejorable oportunidad gracias a la invitación al Simposio de Intelectuales en Yucatán que le hace Carlos Fuentes.

> Salir de Chile y llegar a México –escribiría después en su libro *Historia personal del boom*–, tomar contacto de nuevo con Carlos Fuentes, conocer a Juan Rulfo y Lillian Hellman y William Styron y Oscar Lewis y Augusto Monterroso y a toda la nube de escritores mexicanos, me puso entero en movimiento otra vez, como cuando salí de mi país para ir a Princeton; como cuando salí rumbo a Buenos Aires; azuzó mi curiosidad sin frustrarla, alimentó mi avidez que tanto tiempo había permanecido insatisfecha. Puede que haya sido una sensación infantil e ingenua –pero no por eso para mí menos válida.

Resulta indudable que el viaje se constituye como un gesto biográfico y estético relevante en la vida de José Donoso. Un cambio de horizontes que necesitó para ampliar las minúsculas circunstancias en las que vivía cualquier "muchacho bien" santiaguino de esos años, como alguna vez dijo.

> Todo era estereotipo entre nosotros, siempre demasiado semejante a mí mismo, a mi propia vida. Las experiencias se repetían hasta el agotamiento: me parecía que era sólo esta repetición lo que ofrecían mis amigos y amigas. Al enfrentar solitario ciertas dolorosas y a veces sórdidas crisis personales, sentí en primer lugar que mi respuesta tenía que ser distinta y tal vez contraria a la de ellos. Había llegado el momento de apartarme, de buscar escondrijos acogedores para mis relaciones de mayor riesgo, y allí intercambiar sin culpas las distintas máscaras que me vi forzado a seguir asumiendo para sobrevivir como algo más que un facsímil de lo que me rodeaba. Fue a través de las páginas del viejo *Life*, entonces, que comencé a hacer mía la existencia de todo lo diferente a mí, de gente que no era y que no podía ser yo, con necesidades y regocijos y perplejidades distintas a las mías, y espacios de placer tan diferentes que seguramente me rechazarían (Donoso, 1997: 79–80).

Para Donoso escritura y viaje obedecen a un desasosiego similar. Una realidad mucho más profunda que una cuestión geográfica. Cuando alguien le consultó si vivir fuera del país había sido una necesidad para él, dijo: "En Princeton me siento tan extraño como en Chile. Esa situación de extrañeza con el mundo no depende del lugar donde se vive y tal vez sea esa sensación de extrañeza lo que nos abre las puertas al viaje" (Contreras, 1989: 10–14).

Esa sensación de extrañeza que terminaría por ser el signo de "lo donosiano", identificada por tanto con su poética, surgió de esta relación entre escritura y viaje. Cuando se instala de regreso en Chile el año 1981, luego de vivir casi veinte años fuera, le comenta a un amigo: "Decididamente, la única manera de vivir en este país-clínica es saliendo por tiempo más o menos prolongado todos los años".

Por eso, regularmente desde que vuelve a Chile pasa estadías breves y no tan breves en el extranjero. Y como suele ocurrir, cuando esta fuera del país piensa en proyectos literarios relacionados con Chile. En 1991, por ejemplo, estando una temporada en Estados Unidos y México se obsesiona con la idea de escribir un libro de viaje que piensa llamar Viaje a Chiloé. Como es habitual, también pasa meses y meses dándole vuelta de cómo hacerlo, tomando notas y registrando sus inquietudes.

Definitivamente, el viaje es otro elemento que debemos sumar a los acertijos que Donoso nos puso por delante para que volviéramos sobre su obra con mayor temeridad y mirada más penetrante. Un vaivén que hay que tener en cuenta a la hora de releer sus novelas.

Sin embargo el mayor acertijo del que hay que hacerse cargo para adentrarse en el cosmos donosiano lo constituyen sus diarios. Probablemente también estos fueron un lugar donde Donoso se refugió para tomar distancia, para ir tras lo otro de sí mismo… Como un destierro para adentro, podríamos decir. Ese lugar paralelo de extrañamiento fueron sus diarios, a los que alguna vez Donoso describió como su "carne viva".

No se sabe con exactitud cuándo empezó Donoso a escribirlos. Puede que haya comenzado a llevar algún tipo de bitácora en su viaje a la Patagonia. Pero lo cierto es que el primero de ellos que se conserva es de 1950, durante su estadía en Princeton. Está escrito en su mayor parte en inglés y, entre otras cosas, elabora bocetos para lo que serán los dos primeros cuentos que publicó en la revista de esa universidad: "The Poisoned Pastries" y "The Blue Woman", y otros que nunca publicó. A partir de esa fecha, escribió su diario de manera regular hasta un año antes de su muerte como ya mencioné.

En total son ochenta cuadernos que se conservan en dos colecciones, la primera (hasta el año 1965) en la Universidad de Iowa, y la segunda (desde esa fecha conformada por cuadernos y el resto del archivo cartas, manuscritos) en la Firestone Library de la Universidad de Princeton.

Como se ve, estamos hablando de un volumen significativo de material que abrió enormes compuertas a territorios desconocidos hasta ahora de la obra y vida de Donoso. Como si alguien –acaso el propio Pepe– nos alertara de pronto que una profunda "otredad" quedaba por rastrear.

Y así ha comenzado a ocurrir a partir de la publicación de *Correr el tupido velo,* de su hija Pilar, el año 2009. Se trata de un extraordinario relato que descolocó a todos, en especial a quienes conocían o habían estudiado a Donoso. Utilizando los diarios y cartas del archivo de su padre, Pilar relata en forma descarnada su historia familiar y la biografía literaria de él y de sus libros. La selección de párrafos de los cuadernos que introducen en un ambiente oscuro, como una película expresionista, donde la realidad se desfigura y rodea de sombras arrojando su verdad más abismal. La lectura de este libro instaló la convicción de que el archivo de José Donoso era insoslayable, era su contra/obra.

> Donoso en cambio, siempre lo supo.
>
> Sé que estos cuadernos no morirán conmigo, por eso tengo miedo de que mucho de lo que digo aquí sea trampa, mentira, pose, manierismo. Esta página –es maravilloso y terrible pensarlo– me sobrevivirá en los sótanos climatizados, antibomba de hidrógeno, donde se guarda, me complace decirlo, justo al lado de los originales de Lewis Carroll, de *Alicia en el país de las maravillas* (el verdadero apellido de Carroll era Dodgson). Sin duda, este hecho me hará falsear un poco –espero que sea muy poco– la imagen de mí mismo que pretendo dar, pero voy a rajarme para que no sea así. Que lo que quede aquí sea la verdad, y así esta carne viva mía que son mis diarios me sobreviva además de las fantasías de mis libros. Por otra parte, este deseo puede no pasar de ser un impulso. Puede terminar con este párrafo, y todo esto, y más que todo esto, y todo aquello que soy capaz de controlar, quede cifrado en forma mucho más clara y espontánea y compleja en mis fantasías escritas, que dejarán dibujado el verdadero contorno de mis facciones. ¿Para qué esto, entonces, que puede terminar siendo sólo una postura, una actitud, la pose para un retrato victoriano, con el dedo marcando el libro, y detrás el cortinaje de *plush* rojo con borlas? No tengo fe en mi capacidad de entregar toda mi sinceridad pura y directa, aunque sí, lo sé, tengo fe en mi capacidad de entregar toda mi sinceridad cifrada en el código de mis libros. ¿Pero no existe también otra sinceridad, más sutil tal vez, más aterrada, o por lo menos con otra verdad, en la pose, en la actitud premeditadamente falsa? (P. Donoso, 2010: 33–34).

Según Hemingway, lo indispensable para conocer a fondo a un escritor es la papelera. Los diarios de Donoso actúan como tal al registrar una y otra vez sus tentativas literarias así como al vaciar en él su desasosiego y los temores que los demás le producen. Leyéndolos, además, es fácil reconstruir su estética levantada desde desechos a los que siempre dotó de enorme valor simbólico. Pienso en *El Obsceno pájaro de la noche* por supuesto, pero también en *Este Domingo*, donde los objetos en desuso con los que juegan los niños poseen protagonismo y significación.

Y es que un diario es también una papelera en términos simbólicos. Un espacio donde se atrapan aquellas realidades, sentimientos, datos, actitudes, sensaciones muchas veces innombrables, de acuerdo a los más diversos códigos que rigen la vida personal y social. Probablemente eso es lo que hace a la escritura de diario un registro tan diferente a las demás escrituras. Para Ricardo Piglia, autor él mismo de maravillosos diarios:

> Lo mejor del género son los borradores o los restos o los proyectos de una autobiografía futura que nunca se escribe. La vida es un impulso hacia lo que todavía no es, y, por lo tanto, detenerse a narrarla es cortar el flujo y salir de la verdad de la experiencia. Por su parte la literatura es un modo de vivir una acción, como dormir, como nadar. ¿Le quita esta idea el sentido de construcción deliberada que tiene la literatura? No creo, el error es buscar las cenizas de esa experiencia en el interior del libro, cuando en verdad hay que buscarlas en las pausas, en los fragmentos, en las formas breves (Piglia, 2017: 28).

Precisamente, eso es lo que caracteriza al género testimonial. Los diarios están construidos por fragmentos, borrones, incoherencias, contradicciones, tachaduras. Fisuras que pueden llegar a ser un pozo sin fondo de resignificación de un creador. Y eso ha ocurrido con Donoso. En 2016 se publicaron parte de los diarios que tuve el privilegio de editar. Su lectura muestra sin tapujos que José Donoso se atrevió a hacer una apuesta radical por la escritura, haciendo grandes esfuerzos y pagando altos costos. Y muestra también que las principales claves para conocerlo estaban ocultas en las líneas y entrelíneas de esta literatura de esquirlas. Tal vez por eso, puso especial esmero en cuidar su archivo –no solo los diarios–. En medio de la vida itinerante que llevó, siempre conservó sus papeles y terminó poniéndolos a buen resguardo en universidades norteamericanas.

Tratándose de un novelista que escribió en busca de sus demonios como empezamos a descubrir hojeando sus diarios, su lectura se vuelve un desconcertante y sorpresivo descenso por un tobogán –montaña rusa hubiera dicho Nicanor Parra–, que invierte y que revierte las perspectivas conocidas hasta ahora.

> Este ser que no se atreve a nada, que lo único que quiere es disminuir y disminuir para no tener miedo a que lo mutilen y lo roben, ese ser, Humberto (*El obsceno pájaro de la noche*), era yo, y veo ahora, gracias a mis análisis, y sin saberlo entonces, que estaba planeando un ser que era una forma curiosa de autobiografía: puramente fantástico, urdido con las fantasías que desde siempre me acosaron, de alguna manera resultó ser como un calco de alguna cosa en mi interior: de toda mi impotencia latente, de mi impotencia frente a la creación sobre todo y su resultado la esterilidad (imaginariamente mía) en mi incapacidad de producir un hijo; en mi impotencia frente al mundo de la acción y de los hombres, mis hermanos, mis compañeros de trabajo, mis amigos metidos hasta las narices en la acción política; mi impotencia para darle una estructura coherente a mi vida. Era un impotente, un estéril. Mi única actividad era escribir y volver a escribir lo que ya estaba escrito (P. Donoso, 2010: 388–389).

A lo largo de sus numerosos cuadernos, aparecen pasajes que dejan en evidencia cómo la escritura es para él una exploración formal tanto como una exploración interior. Sin mayores diferencias, vida y creación lo atrapan como una tela araña. "Escribir novelas enseña sobre uno mismo y sobre las cosas, es por lo tanto una experiencia vital" (Donoso, 2016: 430), apunta en 1957.

Este ejercicio tan suyo en buena medida va configurando su estilo y creo que Donoso lo tiene claro, porque en un cuaderno anota: "Tengo que sentir una libertad absoluta para cambiar los puntos de vista constantemente. Tengo miedo que esto le quite tensión y unidad, pero creo que en cambio le dará riqueza" (Cuaderno 16, 8 de abril de 1959).

De algún modo, uno de los ejercicios más presentes en sus cuadernos es la búsqueda insaciable del *insight*, adentrarse en las profundidades de su interioridad dándole la espalda a los moldes de la racionalidad o esquemas conductuales impuestos, lo que abordó también en un correlato con las formas de la escritura. Donoso llegó a renegar del concepto de unidad en la persona, una convicción que terminará por ser la marca indeleble de su poética. "Para mí, la persona es como una pared blanca en que se reflejan *posibilidades*. Creo que la personalidad humana es así", escribió. Y apostó todas sus fichas en eso: cuando publicaba ficción, cuando escribía sus cuadernos o cuando leía compulsivamente como lo hizo toda la vida. De hecho, como sus colegas del boom, Donoso leyó a Faulkner con detenimiento, sin embargo las influencias que extrajo de él difieren a las que ejerció el escritor norteamericano en García Márquez o Vargas Llosa, por ejemplo. Destaca Donoso:

> Faulkner decía que la novela "es el oscuro gemelo", la vida secreta del escritor. El propósito del escritor no es iluminar el oscuro gemelo que todos tenemos, sino que proyectarlo en cuanto oscuro. De esta manera está proyectándose a sí mismo, está proyectando su historia, un pasado. Empujar más allá la frontera de la oscuridad. De eso se trata: empujar hacia el descubrimiento personal, hacia la aventura personal. Mi literatura no tiene misiones externas a ella, aunque sí internas respecto del autor" (Piña, 1991).

Esa práctica emprendida por Donoso a la hora de escribir –empujar en medio de la oscuridad la exploración de nuestros propios bordes– es posible aplicar para aproximarse a su universo escritural, ampliado ahora con la inclusión de sus diarios. Algo que, por lo demás, Walter Benjamin en sus reflexiones sobre la obra de arte en la época de la reproductividad técnica anticipó cuando habló del "inconsciente óptico" para referirse a las dimensiones que pasan desapercibidas al ojo consciente educado en la civilización de la representación.[3]

---

3 Idea que retoma Rosalind Krauss en *El incosnciente óptico,* enfatizando que "el inconsciente óptico reivindicará para sí esta dimensión opaca, solo para atravesar su núcleo, para deshacerlo, para refigurarla de otra manera."

El propio Donoso se queja en su diario de esta suerte de puntos ciegos... "Qué extraño cómo todas las cosas en la vida van formando un *pattern*, una forma reconocible y no son más que piezas necesarias en el rompecabezas ininteligible que es mi vida –¿o la vida de todos?–. ¿Por qué yo nunca alcanzo a ver el diseño completo? ¿Cuándo lo veré? No creo que lo vea nunca" (P. Donoso, 2010: 29).

En la intersección entre los diarios y sus novelas y cuentos, ese rompecabezas donosiano se ve enriquecido con nuevas piezas que amplían la mirada y la significación de su universo creativo. Por eso, a partir de la aparición de sus diarios, parte de ellos al menos de momento, me parece que surge un nuevo pacto para la lectura de su obra, de la que Donoso parece habernos advertido en las últimas páginas de sus cuadernos íntimos al ponernos en "modo acertijo".

¿En qué consiste este nuevo pacto?

Si nos enfocamos en su obra o parte de ella, habrá que tener el rabillo del ojo puesto en sus diarios. Si, por el contrario, nos enfocamos en estos, entonces hay que ver su obra de reojo. Solo así estaremos en condiciones de poner en valor a un autor que no tuvo barreras entre biografía y escritura. En eso consistió la radicalidad de su poética, la excentricidad de su vida y la solidez de su obra.

La tarea de un acertijo es siempre alertar que nada es lo que parece ser. Donoso tampoco. Por eso veinte años después de su muerte, cuando sus diarios han empezado a conocerse gracias a la publicación de ese libro fundamental que es *Correr el tupido velo,* de Pilar Donoso, y la aparición en 2016 de *Diarios tempranos. Donoso in progress,* nos encontramos con un escritor que se reinventa. Ha llegado la hora de hacerle frente a Donoso después de Donoso.

Obras citadas

Contreras, G., "José Donoso: Quiero escribir una novela prescindible" *Reseña*, 3, abril–mayo, 1998:, págs. 10–14.

Donoso, J., *Conjeturas de la memoria de mi tribu*, Alfaguara, Madrid, 1997.

Donoso, J., *Diarios tempranos. Donoso in progress, 1950–1965*, ed. Cecilia García-Huidobro, Ediciones Universidad Diego Portales, Santiago de Chile, 2016.

Donoso, P., *Correr el tupido velo*, Alfaguara, Madrid, 2010.

Piglia, R., *Los diarios de Emilio Renzi III*. Anagrama, Barcelona, 2017.

Piña, J. A., *Conversaciones con la narrativa chilena*. Editorial Los Andes, Santiago de Chile, 1991.

Dámaso López García

Donoso: el levantamiento del velo

No hay sino que asomarse a las amenas páginas de *Conjeturas sobre la memoria de mi tribu* para saber que José Donoso otorgaba gran importancia a su pasado, al personal y al familiar. Ese escrito, pero acaso también lo haga el resto de sus escritos, como anuncia el título, bucea en el pasado no de su familia, sino de su tribu. La voz, *tribu*, en la segunda acepción del diccionario de la RAE, tiene como referente un 'grupo social primitivo de un mismo origen, real o supuesto, cuyos miembros suelen tener en común usos y costumbres'. Tal parece como si el propio Donoso hubiera redactado esta definición del diccionario, para acomodarla al título de la obra mencionada. Excluida esta posibilidad, lo que percibe el lector, en lo que muestra la definición, es ese carácter determinante de lo *primitivo*, aquello que no se sabe a sí mismo como primitivo, nada más que cuando se contrasta con lo nuevo o con lo moderno. El fuero de lo primitivo se rige por las normas de lo relativo. Lo primitivo, pues, es aquello que determina y respecto de lo cual lo determinado no es consciente. Lo primitivo es, además, inactual; es algo que carece de curso legal y de legitimidad en el mundo en el que puede propiciarse el consenso en cuanto el presente interpone la distancia solvente de su propia modernidad frente al irredento pasado. Lo primitivo, además, está oculto para sí. Pero el origen y condiciones materiales de ese difuso grupo social, además, puede ser real o puede ser imaginario, por tanto, cualquier averiguación sobre su pasado no debe presentarse como investigación histórica, sino que será más conveniente definirla como "conjeturas". Si sobre el conocimiento del pasado, sobre el cimiento de los hechos ciertos, se exhibe todo un mundo de posibilidades cuya interpretación se conoce bajo el nombre de "historia", sobre lo supuesto es legítimo buscar amparo en el derecho a la conjetura. Y de la definición del diccionario queda por describir un impreciso terreno, el de los usos y costumbres. Se trata de un terreno en el que no es lo más importante lo que se comparte, sino lo que se reconoce. "Reconozco que es mía esta cosa de lo oscuro", exclama Prospero cuando, en *La tempestad*, presenta en sociedad al primitivo Caliban (*The Tempest* (V, I): "This thing of darkness I acknowledge mine"). Los usos y costumbres, por otra parte, son todo aquello que pertenece a la identidad, y son todo aquello que no tiene una fácil justificación. José Donoso no ahorra palabras para alabar ya el marfil del cutis de su propia estirpe, ya el rosicler de su tez, o, en fin, el claro azul de sus ojos, pero tampoco las ahorra para registrar los momentos menos sublimes de sus antepasados, esa "cosa de lo oscuro", que también halla callado alojamiento en sus venas.

Durante una de sus últimas estancias en España, a finales de 1994 (P. Donoso, 2009: 364), José Donoso decide hacer un viaje para informarse sobre la remota raíz de los Donoso extremeños, de la que brotó la frondosa flora de los Donoso chilenos. Averigua que el linaje de su familia proviene de Campanario, un pueblo de Villanueva de la Serena. Su esposa, María Pilar, le aconseja que no se haga excesivas ilusiones: "No esperes encontrarte con marqueses de Valdegamas. Figúrate cómo estarían de muertos de hambre tus antepasados si tuvieron que irse a Chile en el siglo XVI. A lo más serían peones" (P. Donoso, 2009: 364). Sin embargo, contra este pronóstico, lo que hallan en Campanario se parece más a los "marqueses de Valdegamas" que al peón pronosticado por la esposa. Se parecen al marqués de Valdegamas original, el político y filósofo Juan Donoso Cortés:

> Estos Donoso resultaron ser grandes señores y terratenientes. Vivían en una casa de sillería con escudo sobre la puerta y capilla propia en la calle principal. Los recibieron muy amablemente. Sus ojos celestes y un poco saltones eran iguales, según mi padre, a los de sus numerosos parientes en Chile, además de la tez blanquísima y sonrosada, característica también muy Donoso (P. Donoso, 2009: 364).

Sí, estos Donoso eran "señorones pueblerinos y reaccionarios, propietarios de grandes extensiones de terreno" (J. Donoso, 1996: 192). José Donoso no abriga dudas respecto de la inconsútil continuidad entre los Donoso españoles y los chilenos.

La obra, *Conjeturas sobre la memoria de mi tribu*, discurre a lo largo de un hilo que enhebra los hechos ciertos y los imaginarios. Lo hace de forma tal que podría animar a alguien a catalogarla como novela histórica, pero no habría quienes dejaran de considerarla fantasía en estado puro o, por otra parte, crónica más o menos rigurosa de una familia, los Donoso, cuyo origen se remonta al tiempo de la llegada española a Chile. La decisión del autor, vale decir, la indecisión, respecto de la confusión entre lo cierto y lo imaginario, es deliberada. Está presente en el propio título, pero se desarrolla a lo largo de muchas o de todas las páginas de la obra. La confusión entre lo real o histórico y lo imaginado o ficticio es algo que conviene a la clase de inspiración que movía a José Donoso a escribir. La razón que justifica esta confusión que borra fronteras, debilita creencias, vulnera seguridades y siembra dudas se expone con sencillez: a falta de fuentes documentales fiables, y a falta de testimonios materiales que el tiempo haya respetado, el autor se propone escribir una historia no tanto como de hecho esta fue, sino como fue en la medida en que eso puede saberse, es decir, como pudo ser, como convino que fuera, como pudo desearse que hubiera sido. El ejercicio de "memoria" se plantea sobre la materia de los Donoso, pero no cabe duda de que su aplicación práctica podría extenderse, sin dificultad, a buena parte de las clases acomodadas de Chile, desde los tiempos de la colonia, hasta los más recientes tiempos republicanos; podría aplicarse también a otros países, y no solo de América Latina, por cierto. Podría aplicarse, en fin, a la tribu humana. Las diligentes averiguaciones del autor muy frecuentemente tropiezan con algún obstáculo que impide ingresar en el territorio de la certidumbre.

Semejante posición de partida es arriesgada, porque las sociedades son propensas a idealizar su propio pasado. Hacer lo que hace José Donoso en este libro, que pudiera parecer un surtido de anécdotas familiares, mejor o peor entrelazadas, no es una empresa libre de riesgos. Todo lo contrario. Afortunadamente, hay un testimonio que permite conocer con relativa seguridad el alcance y sentido de los peligros en que incurría el temerario que se atrevía a novelar un pasado que incumbía al autor y a la familia más cercana. Pilar Donoso, en el libro *Correr el tupido velo*, regala al lector avances del voluminoso y virtualmente inédito diario del escritor, "sesenta y cuatro tomos" (P. Donoso, 2009: 17), solo los de la segunda época. Lo textos citados, a veces, hacen innecesarias las conjeturas, pues el escritor es suficientemente explícito en lo que se refiere a sus motivaciones al escribir *Conjeturas sobre la memoria de mi tribu*.

> Quiero relacionar, por una parte, el mundo de mi sensibilidad particular y de mi historia, y por otra parte, con ciertos rasgos de la historia de mi país y América Latina. Quisiera que fuera, en un sentido, una novela, una evocación, un análisis personal, y en otro, historia y biografía de personajes que conozco a través de la historia escrita o la tradición oral familiar, o personalmente, y con esto crear un cuadro de cierta clase media chilena (P. Donoso, 2009: 367).

Sin embargo, cuando el mundo descrito por el escritor incluye personajes vivos aún o fallecidos, pero recientes estos aún en la memoria de los lectores o de los familiares supervivientes… el resultado puede no ser el esperado por el autor. El delicado juego intelectual de confrontar lo imaginado y lo que pudo haber sido con lo que, de forma precaria o insuficiente, se sabe que fue, no siempre complace a todo el mundo. A veces ocurre todo lo contrario. Y ocurre esto porque el autor no renuncia a dar cuenta también de eso que no quiere verse, eso oscuro que es fundacional en la sangre de los Donoso, en su tribu y en las tribus más amplias que se conocen como naciones.

> Las *Conjeturas* dieron mucho que hablar en otro ámbito. Mi padre no pensó que es imposible escribir la historia de una familia sin herir algunas susceptibilidades, y no se esperaba que parte de esa tribu se molestara. Ingenuamente, para saber su opinión,

> le envió el manuscrito de la novela a su primo Gonzalo Figueroa Yáñez, quien se sintió muy ofendido con uno de sus capítulos. Él, a su vez, se la entregó a otros miembros de la familia Yáñez para que la leyeran y también reaccionaron desmesurada y ridículamente (P. Donoso, 2009: 369).

Quienes se sintieron ofendidos no dejaron pasar la oportunidad de ejercer su derecho a la crítica ni dejaron de mostrar su enfado ante un texto que aún no se había publicado. "José Donoso recibió amenazas de todo tipo: cárcel, disparos e incluso asesinato por parte de algunos miembros de esta tribu" (P. Donoso, 2009: 369). La consecuencia práctica de esta lectura previa, entre familiares cuya opinión había interesado conocer al autor del libro, fue la supresión de un largo capítulo, "cien páginas" (P. Donoso, 2009: 369). Este capítulo contaba una historia, los hilos de cuya urdimbre se anudaban en los hechos, mientras que la trama era de policroma fantasía, en la que María Josefa Ponce León, Peta Ponce, aparecía como una persona que había pagado la educación de sus seis hijos gracias a una carreta de alegres mujeres que llevaba por diferentes pueblos (P. Donoso, 2009: 369). Se ha buscado un antecedente literario de esta historia en un relato de Enrique Amorín, *La carreta* (Cánovas, 2014: 54–55). La dama era la bisabuela del propio José Donoso. Lo interesante de la anécdota, aparte de las circunstancias de la recepción del capítulo, que no llegó a publicarse, es esa línea borrosa que separa la ficción de la realidad. Las reacciones de los ofendidos parientes, sin embargo, se prestan de forma natural a otra clase de comentario, pues las alarmadas preocupaciones y las amenazas parecería como si hubieran salido de la imaginación de Donoso, un Donoso que hubiera prolongado las conjeturas sobre su tribu hasta alcanzar incluso la recepción de estas. El tono de *nonchalant panache* del libro de Donoso quizá resultaba demasiado hiriente para quienes habían hecho de sus penates el fundamento de su idea de lo sagrado. Pero la reacción de sus familiares parecería que hubiera salido, como último capítulo de la obra, de la cabeza de Donoso.

Llegado este punto, quizá sea oportuno hacer una precisión sobre el título del libro de Pilar Donoso. El libro, como se sabe, *Correr el tupido velo*, se inspira, para el título, en una expresión que tuvo en lengua española diversa fortuna desde el siglo XVII. El "tupido velo" era y es todavía una imagen útil para expresar el ocultamiento, la confusión, la incertidumbre. La emplea Calderón de la Barca, el primero en hacerlo, en la obra *A Dios por razón de Estado*, un auto sacramental. Diversas personificaciones abstractas dialogan entre sí. El Pensamiento interpela a la Gentilidad: "¿Qué quiere ser, que el cielo oscurecido / a media tarde de un tupido velo, / en parda sombra el manto azul teñido, / envuelto en rubio ardor el negro suelo, / bien como para dar un estallido, / si se cae, o no se cae el cielo, / se turba, se desploma o se estremece?". ¿Qué quiere decir esto? A lo que el Ingenio replica: "Que expira el cielo, o su Hacedor padece" (Calderón de la Barca, 1999). Cuando la visión la interrumpe un tupido velo, las explicaciones se vuelven confusas. El desmoronamiento del cielo y el dolor de Dios son las posibles explicaciones de un fenómeno de la naturaleza que parece incomprensible.

Pocas expresiones, sin embargo, pueden decir, de forma simultánea, una cosa y la contraria como lo hace el título de la obra de Pilar Donoso. El velo puede correrse para velar o para desvelar, de forma que con el mismo movimiento se afirma y se niega. Redactar un libro atribulado, sorprendente, valiente e insólito como *Correr el tupido velo* implica un doble movimiento, el de reconstrucción y conocimiento de la biografía de su padre, el de la biografía de la escritora, y el de negación de ese conocimiento que se cancela, precisamente, en el momento de la revelación, del desvelo, en el acto de la escritura del libro, que, a la postre se muestra ineficaz para alcanzar el conocimiento deseado. "Solo hace falta correr el tupido velo", dice la autora (P. Donoso, 2009: 37).

> Y esa es la manera voluntaria que tenemos de cegarnos, de mirar lo que nos perturba y es difícil enfrentar. Abandonar la negación. Con este tupido velo cubrimos todo lo que no queremos ver, pudiendo creer así que esa realidad no existe. Inherente al hombre, ese mecanismo nos protege para soportar lo que la vida tiene de insoportable y dolorosa (P. Donoso, 2009: 37).

El velo más tupido, el velo que ciega de manera irrevocable el conocimiento, el que permite abandonar la negación de manera irrevocable, es el de la mortaja. Parece como si este párrafo, que explica el sentido del libro, tuviera clavada la astilla de una confesión personal que anunciara la muerte, la de la propia autora, que, como se sabe, se quitó la vida dos años después de la publicación del libro. Por otra parte, la expresión, "correr el tupido velo", tiene un valor autónomo en *Conjeturas sobre la memoria de mi tribu*. En no menos de cinco ocasiones utiliza Donoso en esa obra esta expresión, para describir diferentes circunstancias en las que el desconocimiento es más conveniente que el incómodo conocimiento (J. Donoso, 1996: 120, 146, 204, 254, 273).

> [...] los chilenos somos expertos en el arte del olvido, duchos en "correr el tupido velo" cuando eso nos acomoda, con el fin de anular la injusticia y el crimen cuyo esclarecimiento puede resultar molesto si incrimina a personas que, se estima, harán menos estropicio dándoseles la espalda (J. Donoso, 1996: 120).

Acaso no sea imposible demostrar que "correr el tupido velo" fuera una expresión familiar, común a la familia Donoso. Tras la célebre riña entre José Donoso y Carlos Barral, María Pilar Serrano, esposa de José Donoso, madre de Pilar Donoso, comenta: "Pasó esa noche, ambos "corrieron un tupido velo" sobre el asunto y volvieron a ser tan amigos como antes" (en J. Donoso, 1996: 159). En estas circunstancias, cuando dos personas discuten y no quieren perder la amistad que los une, el "esclarecimiento" de lo ocurrido no es necesario, pero el velo se corre para que ambos puedan olvidar el incidente, para dejarlo atrás. El velo que comparten ambos libros, el del padre y el de la hija, los hace concurrentes. El segundo libro incluye en sus páginas al autor del libro primero, pero incluye al autor como personaje de su familia nuclear, que, en este nuevo ejemplo, se somete al mismo proceso de deconstrucción mítica que la tribu de la que hablaba José Donoso en sus conjeturas.

Hasta tal punto está presente en esta obra la imposibilidad de que las cosas se vean como son, que una de las historias, la que se extiende a lo largo del capítulo siete, el más extenso, tiene como centro de gravedad la rara y por momentos confusa biografía de una tía abuela del narrador, la tía abuela Marta. Ese centro puede describirse con pocas palabras: una tía abuela de Donoso, no se sabe si por decisión de su madre, por expiar algún pecado, por voluntad propia o por algún otro motivo que no llegó a conocerse (no se excluye ni siquiera la suplantación), ingresó en el convento de las monjas capuchinas, de donde no salió nunca, y donde vivió toda su vida adulta con la cara perpetuamente oculta tras un velo. Este velo nunca se alzó, nadie en el mundo, después de que la tía Marta profesara volvió a verle la cara. La abundancia de datos y su naturaleza contradictoria impiden el conocimiento. La realidad, el desorden lineal o policrónico de la realidad, se reconfigura con cada interpretación.

> Es que las narraciones, para sobrevivir, deben ser más que un acopio de datos entrelazados en la cadena del tiempo: es necesario cierto soplo para animar el cristal de la imaginación de modo que, no transparentes sino translúcidas, retengan una parte de la mirada, rechazando su función de transparencia total para que así la imagen retenida dé paso a otra imagen tan completa que se desintegre al tocar el desorden lineal de la realidad (J. Donoso, 1996: 209).

Como en cualquier acto de prestidigitación, el momento del desvelo es también el de la ocultación. Lo que se muestra ante los ojos sorprendidos del auditorio revela algo inesperado, mágico, mientras que esa misma sorprendida atención deja de ver aquello que estaba predestinado a captar un interés rutinario y poco preocupado por el objeto mismo. Pero el *desvelamiento* es 'descubrir algo oculto o desconocido, sacarlo a la luz'. Y en este sentido puede y debe leerse el libro como un ejercicio de desocultación de lo que había permanecido intencionadamente escondido. Cabe pensar que para una mayoría de lectores acaso esta sea la interpretación más frecuente del título de la obra:

> Más que citas de las fuentes, se trata de un contrapunto de ambas voces: una privada, circunscrita a los diarios de un escritor y a su correspondencia epistolar y otra, la de la hija,

> que responde a la anterior corriendo los velos que, más que desnudarla, la conducen a asumir un lenguaje estertóreo y a una pronta desaparición sustituible por una nueva aparición (Schoennenbeck, 2010: 2).

El levantamiento del velo es, como se sabe, un principio jurídico que permite a las autoridades judiciales levantar el velo, es decir, levantar el secreto, de una sociedad mercantil, al amparo del cual sus propietarios pudieran estar violando la ley, confiados en que la presunción de la buena fe de sus actos era garantía suficiente ante la opinión y ante las autoridades. El autor no se propone hacer un levantamiento del velo de la monja recluida en el monasterio. Tras largas e infructuosas averiguaciones, el autor se rinde. El misterio se halla más allá del perímetro dentro del cual el ingenio humano puede mostrar la verdad de manera convincente. Pero acaso el levantamiento de ese velo no era necesario, acaso lo que interesaba al autor no era tanto resolver un problema, cuanto plantearlo. Y el planteamiento vale para ese problema, pero vale también para el problema de la convergencia de la obra de Pilar Donoso y de las *Consideraciones sobre la memoria de mi tribu*; y vale, en fin, para la convergencia del autor mismo con esa obra, hasta ahora oculta, con ese último velo que se alza al saber que José Donoso ha dejado a sus lectores futuros, tras un embargo de varios años, todo un conjunto de diarios que abarcan casi toda su vida creadora. En todos estos casos, el velo se aparta no para mostrar de manera inequívoca la solución del conocimiento comprometido con el esclarecimiento de la verdad, sino para mostrar el conocimiento como dificultad, para mostrar las dificultades de un conocimiento que se ofrezca sin contradicción. Su aspiración, mediante pública confesión, además, le impulsaba a desear "[...] una literatura que *no aclare nada*, que no explique, sino que sea ella misma pregunta y respuesta, indagación y resultado, verdugo y víctima, disfraz y disfrazado" (J. Donoso, 1987: 51). El enigma no es lo que el velo oculta, sino la existencia del propio velo.

Donoso hizo entrar a Chile en la comunidad literaria que escribía novelas, con el nuevo hallazgo, que la diligencia crítica ha sacado a la luz, ha inaugurado otra tradición que faltaba en su país: la del escritor que lleva un diario. Los escritores españoles o latinoamericanos no son muy dados a escribir diarios. Es una tradición de otros países, inglesa o alemana o francesa... apta para la confesión y para la indagación en torno a los problemas personales, para la introspección, para el examen de conciencia y para los problemas formales del arte. Cierta forma de pudor y una antipatía hacia el esfuerzo teórico de sistematizar las reglas de la preceptiva quizá hagan poco atractivo el empeño de llevar un diario. Ni siquiera llevó un diario un autor como Unamuno, de cuya agónica personalidad podían esperarse confesiones apropiadas para ese género literario.

Los diarios de José Donoso tienen un correlato en una de sus escritoras favoritas, en Virginia Woolf. Probablemente la publicación del *Diario de una escritora*, 1953, de Virginia Woolf, en la edición de Leonard Woolf, avivó en Donoso el interés por los diarios. Las páginas de esta obra se centraban de forma exclusiva en la literatura. Los cinco volúmenes de los diarios de la novelista, la edición completa, fueron apareciendo, poco a poco, a partir del año 1977. Los diarios de José Donoso prometen un tamaño quizá parecido, y se extienden sobre asuntos que incluyen la vida cotidiana, los tratos con colegas y editores, los juicios sobre las obras leídas que no alcanzarían la dignidad de la página impresa y que se reservan para la esfera privada del diario, pero, sobre todo, es relevante la "cocina del escritor": ideas, lecturas, fuentes de inspiración, borradores, descartes, argumentos… La obra publicada tiene detrás todo ese tiempo de preparación que se lleva a cabo fuera del campo de observación del lector. Y tiene un largo repertorio de lecturas que modulan y arrojan una luz nueva sobre la escritura del autor, sobre su identidad como escritor. Acaso la parte más valiosa sea esta abrumadora presencia de apuntes que proponen, amplían, corrigen, modifican, matizan diferentes propuestas para cada obra. Muchas de estas propuestas no llegan a adquirir forma literaria definitiva, pero otras son descripciones minuciosas de procesos de creación conclusos. De pocos autores se conservan tan abundantes notas preparatorias para sus diferentes proyectos literarios. Los diarios extienden el interés sobre la obra de Donoso. Harán al autor más hondo y más complejo. Se lo conocerá mejor. No despejarán nada que se presente como un enigma, pero contribuirán de forma decisiva a ampliar el campo de visión desde el que podrá mostrarse su obra.

Es imposible dar una impresión, siquiera aproximada, de una obra que incluye esferas de la experiencia literaria tan variadas y distantes entre sí, desde la mundana, que se implica en las relaciones sociales, hasta el exigente programa de lecturas que se ejecuta en la intimidad del estudio. Un diario es, con seguridad, el lugar adecuado para que el escritor halle su propia voz, la defina, haga pruebas; es el espacio de las decisiones personales donde se señalan objetivos y modelos, es el lugar en el que se experimenta; es también el espacio apropiado para la confesión y el autoanálisis. Y Donoso aprovecha todos los recursos que pone en juego en sus diarios. Su taller literario fue el diario, su aprendizaje del oficio. "Tengo que sentir una libertad absoluta para cambiar los puntos de vista constantemente" (J. Donoso, 2016: 142), afirma el 8 de abril de 1959. Dos días más tarde, sin embargo, piensa que tiene que corregirse a sí mismo, no puede disfrutar de una libertad que lo desfigure como escritor, que esconda su identidad. Lo escrito tiene que poseer una consistencia inequívoca.

> Pienso y pienso y siento que tengo en la cabeza un gran merengue revuelto, respecto a la novela y a mis propias ideas. Desde luego, tengo que darme cuenta que no debo filosofar en ella. La filosofía no es mi fuerte, no soy Murena. Mi fuerte, en cambio, es hacer personajes, que tienen aliento y vigencia. Esto debo considerarlo en forma muy importante, porque si no, me voy a desbarrancar. No quiero, no debo hacer lo que no soy. Debo, sobre todo, ser sincero. Sin eso no hay nada, la forma más fácil y más común de no existir, de no vivir, es el no ser sincero. Me da un poco de temor, no tengo la valentía que se requiere para conformarse con no vivir (J. Donoso, 2016: 142).

La libertad incondicionada para cambiar de punto de vista a conveniencia puede estar reñida con el deseo de ser sincero, de ser auténtico, de buscar una voz propia que le permita al novelista decir lo que tiene que decir. Combinar la sinceridad con la flexibilidad para introducir cambios en los puntos de vista de forma constante, además, puede que haga al autor incurrir en contradicciones. Pero en esta época el autor ya ha publicado varios relatos breves y una novela que anticipa buena parte de su credo estético: *Coronación*, 1957. Aun así, sigue buscando ese terreno propio que no puede llegar de la mano de lo dicho, sino del modo de decir.

> ¿Por qué escribo?
> Todo ha sido dicho ya, esa es la sensación que uno tiene. Pero resulta que uno nunca sabe lo que va a decir, qué tiene que decir, hasta no decirlo por escrito. Porque no me interesan los escritores que llegan a una conclusión antes de su obra y construyen una ficción para exponerla. Me interesan, al contrario, aquellos escritores cuyo significado, cuya voz, es inseparable de la obra hecha, y solo al hacerla la van encontrando y conociendo. Me interesan sobre todo las obras que, por muy conscientes e inteligentes que sean, sean más que nada ellas mismas un encuentro del escritor con su propio ser, con el mundo, con la vida. Si una obra no es esto, es muerte, es un aborto, no es literatura. Yo quisiera escribir una obra así, consciente e inteligente al máximo, y tal vez aparentemente fría, pero que fuera una lucha para encontrar mi propia razón y mi razón en la razón del mundo y con esta razón una voz. En el fondo, uno escribe para saber por qué escribe (J. Donoso, 2016: 161).

La cita del diario se escribió en agosto de 1962. Y el autor vuelve a plantearse no solo el sentido de la escritura, cuya respuesta halla en el sentido autorreferencial de la propia literatura: se escribe para saber por qué se escribe. Tal vez el autor no llega a reducir a términos comprensibles la tensión entre la sinceridad que necesita de poco esfuerzo preceptivo, y la literatura minuciosamente pensada, hasta en sus menores detalles, que es la forma habitual de trabajo de Donoso.

Puede profetizarse con alguna seguridad que la lectura de los diarios de José Donoso hará crecer el interés por la obra del narrador, no porque estos muestren ideas que el autor no quiso hacer públicas, ni porque revele indiscreciones, pues las que se muestran no dejan de ser anecdóticas o las hace previsibles la propia prosa de José Donoso, sino porque los diarios revelan a José Donoso el escritor José Donoso. El libro de Pilar Donoso sobre su padre, *Correr el tupido velo*, tiene también un interés superior para conocer a José Donoso. Pero no se despertará ese interés por los motivos que señala su hija. Pilar Donoso parte de la idea de un personaje, escritor, cuya personalidad se modela sobre la imagen más o menos convencional del autor romántico: profundo, contradictorio, aquejado de variados vértigos, abrumado de secretos o de misterios, atormentado por una conciencia trágica. Antes de leerlos, la escritora evalúa el presunto contenido de los diarios íntimos de los que ha tomado posesión a la muerte de su padre. La reflexión sobre los sesenta y cuatro cuadernos del diario de su padre, los cuadernos de la segunda época, impone de forma natural unos juicios previos: "Intuyo lo que pueden contener, la posibilidad de encontrar las divagaciones, revelaciones de una mente creadora que explora las angustias profundas del alma y que en esas páginas, a las que debo enfrentarme, hay un mundo paralelo, oscuro, oculto, cercano al mundo de la muerte" (P. Donoso, 2009: 18). Quizá sea esta una estampa de la épica heroica de la creación que refleja la mirada interesada de la hija, mientras que en el lector, que ya ha leído otros diarios de otros escritores, despertará esa misma estampa un moderado escepticismo. El análisis de la "compleja personalidad" del narrador, con sus "angustias profundas del alma", no lo hace necesario y penetrante el hallazgo de inesperadas revelaciones, sino que la condición que permite a la escritora, a la hija, adentrarse en un material inédito que corrobora esa compleja personalidad, muestra, además, ese otro mundo "paralelo, oscuro, oculto, cercano al mundo de la muerte". Pilar Donoso se convierte en la intérprete no de la obra del autor, sino en la intérprete del padre, del marido, del hombre y del escritor.

> Construye un relato total, desde un rosario de citas, que son de diversos tipos: el resumen (es decir, el refraseo), el pegoteo de citas recortadas de un escrito mayor, el comentario de la cita; todo al servicio de una legibilidad, que normaliza y delimita el campo observado. Celosa albacea, con la difícil tarea de seleccionar un material contaminado, acaso intente un libro total, que sepulte a los demás (pues llegarán, ya que hay *leaks* y hay también otros ojos del ruedo familiar y de amistades próximas que pudieran tener todo el material escrito frente a sus ojos), una versión oficial, la más pulcra y veraz, la íntima, que permita la trascendencia del autor y sus lectores (siendo ella la guardiana, la que maneja las entradas y salidas del laberinto). Historia que evoca las tragedias griegas, mito moderno de la familia, escritura de los orígenes (Cánovas, 2014: 1953).

Nada de lo que hace Pilar Donoso es hagiográfico o complaciente, pero lo que escribe tiene toda la credibilidad que le otorga la preocupación por las limitaciones de lo humano y por el amor que trasciende esas limitaciones. Pilar Donoso, en el libro *Correr el tupido velo*, tarda seis renglones, de sus "Palabras preliminares", en llamar mentiroso a su padre, José Donoso. Y no lo llama mentiroso sobre cualquier asunto, sino sobre una afirmación del escritor chileno que la hija recuerda: "Uno logra ser uno mismo cuando los padres mueren" (P. Donoso: 2009: 11). Palabras que mueven a Pilar a exclamar: "Qué mentira" (P. Donoso: 2009: 11). El libro de Pilar Donoso es una larga y dolorosa explicación de una desconfianza que hizo nacer en ella aquel engaño. Las últimas palabras de este libro estremecedor son estas: "[…] me había hecho creer que era inmortal… y le creí" (P. Donoso, 2009: 440). Para su hija, todo lo que no es José Donoso está en los márgenes de la vida. Entre estas dos manifestaciones, simultáneamente, de fe y de duda, se desarrolla la experiencia literaria y vital de tres personas. Dos de ellas ya fallecidas en 2009, la tercera, la propia Pilar Donoso, se quitó la vida en el año 2011.

> Por el momento, el libro de Pilar Donoso me interesa mucho más que las novelas de su padre. Lo digo sin ironía: quienes nacimos al comienzo de la dictadura crecimos buscando y contando la historia de nuestros padres y tardamos demasiado en comprender que también teníamos una historia propia. Tal vez por eso me parece bella la imagen de una mujer leyendo los cuadernos de su padre y anotando en los márgenes, los indicios de una historia propia (Zambra, 2018: 270).

La reflexión sobre el libro de Pilar Donoso mueve al lector a comparar continuamente a la escritora que en el libro se revela, siquiera de forma indiciaria, con la escritora que muestra y oculta una "historia propia", pero que también se hace presente en esas caracterizaciones que no se sabe bien si se aplican al personaje, al padre, al ser humano o, acaso, a ella misma, de quien también podría decirse que es profunda, contradictoria, que la aquejan variados vértigos, que se siente abrumada por secretos o misterios, que la atormenta una conciencia trágica, y que, proféticamente, se siente próxima a ese mundo "cercano al mundo de la muerte". No es imposible pensar que en cierta forma en Pilar Donoso se encarnó una regla que el escritor enunció sobre un asunto parecido, la ley según la cual el escritor desea crear "otra imagen tan completa que se desintegre al tocar el desorden lineal de la realidad". Pero el libro de Pilar Donoso es el envés del libro que redactó José Donoso sobre su propia familia, pues las *Conjeturas sobre la memoria de mi tribu* se convierte en esta contrafigura que, sin ninguna dificultad, habría podido llevar por título *Conjeturas sobre la memoria de mi familia*. Algún lector podría pensar que al libro le habría convenido titularse de otra forma: *Averiguaciones sobre la memoria de mi familia*, por ejemplo. Sin embargo, debe tenerse en cuenta que toda la documentación del libro proviene de la tradición oral, aportada por la autora, de sus recuerdos personales y de los diarios, obras y correspondencia de un escritor que, como reconoce la propia

Pilar Donoso (2009: 22), había creado una identidad literaria propia a través de la máscara o de las sucesiones de máscaras y de la estilización interesada de los hechos. Por otra parte, la mentira a la que alude Pilar Donoso solicita del lector una explicación. ¿Es mentira que uno logre ser uno mismo a la muerte de sus padres? Las posibilidades son las siguientes: 1) uno era uno mismo ya antes de la muerte de los padres, 2) nadie logra ser uno mismo nunca. Pilar Donoso no aclara cuál es su caso, pero la existencia del libro que ha redactado indica que el vínculo y la dependencia de su padre habían subsistido tras la muerte de este. Dos años después de la publicación del libro, la autora convierte en proféticas, en performativas, las palabras del título de su libro: si el velo no se corre, si no hay ocultación, se acepta la realidad, por tanto, se rechazan las conjeturas, y se hace preciso aceptar la muerte.

Obras citadas

Calderón de la Barca, P: *A Dios por razón de Estado*, <http://www.cervantesvirtual.com/obra-visor/a-dios-por-razon-de-estado--0/html/fef2d258-82b1-11df-acc7-002185ce6064_2.html#I_0_>, Biblioteca Virtual Miguel de Cervantes, 1999, acceso: 21 de abril de 2019.

Canovas, R., "(Auto)biografía de Pilar Donoso: cartas marcadas", *Acta Literaria*, 49, 2014, págs. 37–58.

Donoso, J., *Historia personal del "boom"*, Madrid, Alfaguara, 1987.

Donoso, J., *Conjeturas sobre la memoria de mi tribu*, Madrid, Alfaguara, 1996.

Donoso, J., *Diarios tempranos. Donoso in progress, 1950–1965*, ed. Cecilia García-Huidobro, Santiago de Chile, Ediciones Universidad Diego Portales, 2016.

Donoso, P., *Correr el tupido velo*, Madrid, Alfaguara, 2009.

Schoennenbeck Grohnert, S., "*Correr el tupido velo*, de Pilar Donoso: biografía de un desarraigado", *Revista Chilena de Literatura*, 77, págs. 1–12. Consultado en https://revistaliteratura.uchile.cl/index.php/RCL/article/view/9136/9138, acceso: 26-04-2019.

Zambra, A., "La literatura de los hijos", *No leer*, Barcelona, Alfaguara, 2018, págs. 268–282.

Selena Millares

Narrativa y transtierros: José Donoso y Roberto Bolaño

La irrupción de la obra de José Donoso en el escenario internacional, como integrante por derecho propio de esa generación prodigiosa que impulsó la "nueva novela latinoamericana" (Fuentes, 1969), rompió un antiguo tópico que limitaba a Chile como país de poetas. La proyección exterior de la poesía chilena, con paradigmas tan deslumbrantes como los de Huidobro, Mistral, Neruda, Parra o Rojas, ha sido muy poderosa y reconocida durante el último siglo. En el plano de la prosa hubo propuestas también señeras, como las de Juan Emar o María Luisa Bombal, pero fue la narrativa de Donoso la que derribó fronteras y conquistó un espacio decisivo para su país.

Para lograrlo tuvo que cumplir el mismo ritual uliseico que otros autores del *boom* y alejarse de su patria, tal como lo explicita en su ensayo "Ítaca: el regreso imposible", de 1980. El exilio, forzado o voluntario, fue decisivo para que pudieran entregarse libremente a su tarea, lejos de mezquindades y envidias provincianas: así ocurre con Cortázar en París, García Márquez en México, Vargas Llosa en Barcelona, Roa Bastos en Buenos Aires, Cabrera Infante en Londres o el propio Donoso en España (Donoso, 1972: 40 y sigs.). Eso, sin embargo, no supone, en sus términos, la elaboración de una escritura cosmopolita, como lo fuera la modernista: todos ellos escriben obsesivamente sobre sus Ítacas, sus páginas están aferradas a sus patrias, son edípicas, culpables y dependientes (Donoso, 1991: 38–52). Habla Donoso de una *novela de la ausencia*, que busca conjurar la culpa de evitar la escritura como acción –que no la acción misma–, frente a la tradicional exigencia de deberes cívicos para el creador, en el marco del tan conocido debate sobre literatura y revolución. Su destierro, por tanto, nada tiene que ver con lo que Unamuno llamó *descielo*, o pérdida del paraíso, sino con la conquista de una nueva libertad. "La patria del escritor no es realmente un lugar sino un lenguaje", afirmó Donoso en ese mismo ensayo (Donoso, 1991: 47). Bolaño por su parte le opondrá otras convicciones:

> [Mario Santiago] no creía en países y las únicas fronteras que respetaba eran las fronteras de los sueños, las fronteras temblorosas del amor y del desamor, las fronteras del valor y el miedo, las fronteras doradas de la ética [...] para el escritor de verdad su única patria es su biblioteca, una biblioteca que puede estar en estanterías o dentro de su memoria. El político puede y debe sentir nostalgia, es difícil para un político medrar en

el extranjero. El trabajador no puede ni debe sentir nostalgia: sus manos son su patria (Bolaño, 2004: 43).

La obra de Donoso es un eslabón imprescindible en el proceso de la narrativa chilena y continental, aunque sea menos leída que la de otros compañeros del *boom*, porque su propuesta, de la estirpe de los existencialistas y expresionistas –como Sábato y Onetti–, es más incómoda que seductora. Él se quejaba en sus entrevistas de que para tener éxito en Europa era necesario mostrar una América de violencia, sangre, sexo y telurismo[1], y también magia, es decir, construir un producto al gusto del consumidor. Aunque sí que trabajó, sutilmente, lo mágico, en especial la mitología chilota, tan sombría, con su brujería y sus buques fantasma, y sobre todo esa figura escalofriante que es el *imbunche*, el niño monstruo que cuida la morada de los hechiceros. Pero lejos del encantamiento que pueden suponer otras poéticas, él trabaja lo sórdido, lo oscuro, sin servidumbres tradicionalistas ni magicorrealistas. Y retrata a su país como un Saturno que devora a sus propios hijos, con unas estructuras sociales anquilosadas y una moral asfixiante. Al huir de Chile, Donoso huye de sí mismo y de sus propios fantasmas, y todo eso lo proyecta en su escritura, con personajes que son figuraciones de un minotauro encerrado en su laberinto de soledad, en un infierno sin límites situado en la inmediatez.

El sentimiento de culpa que siempre lo invadió –por pertenecer a un mundo donde se siente rechazado y que a su vez rechaza– queda patente a través de su obra. En el ciclo expresionista, con piezas cumbre como *El lugar sin límites* y *El obsceno pájaro de la noche*, desenmascaró las miserias de la gran burguesía; después, en la hiperrealista, destaca *El jardín de al lado*, la más autobiográfica de todas, donde habló de su conflicto interior frente a la patria devastada por la dictadura; finalmente decidió el regreso, y en Chile se entregó a un tercer y último ciclo, el de la memoria, con novelas como *La desesperanza*, dedicada a Neruda, o *El Mocho*, donde la mina (o patria) se traga a sus propios hijos. Para entonces era consciente de que no habría de conquistar de lleno el espacio que ansiaba en el exterior, de que su estrella de algún modo se apagaba, además siempre se sintió desafortunado con los premios literarios, pero necesitaba recuperar su propio espacio en su país. Allí se dedicó a dirigir talleres literarios que aglutinaron a autores relevantes y contribuyó, en términos de Marco Antonio de la Parra, a refundar la literatura chilena (Marco, 1997: 25). No estaba entre sus discípulos

1 "El gran éxito que ha tenido [Isabel Allende] en Europa se debe a que escribe lo que los europeos quieren que sea Latinoamérica. Violenta, sangrienta, sexual, con mucha selva verde" (Donoso, 1988a: 24).

el que había de ser el novelista latinoamericano más determinante en el umbral del nuevo siglo, Roberto Bolaño, entre otras razones porque también vivió como un transterrado. Su poética es muy distinta, como lo determina la ley de sucesión entre generaciones. Supone un nuevo eslabón que se erige como paradigma poderoso en el siglo XXI por su talento y una osadía impulsada por la convicción de que era necesaria una subversión radical en el fénix de los géneros[2].

A pesar de la diferencia con su antecedente, a Bolaño le interesaba la transparencia y autenticidad de *El jardín de al lado*, la novela donosiana que prefería[3]. La temática del exilio y la escritura autofabuladora debieron pesar en esa opción, más afín con su búsqueda de la naturalidad, desde el modelo de Nicanor Parra, frente a lo libresco y artificioso que podía resultar Donoso en otras entregas. En el artículo que le dedica en 1999 –sobre la paradoja de su "misterio transparente" (Bolaño, 2004: 99–101)–, comenta su ruego de que le leyeran versos del huidobriano *Altazor* en el lecho de muerte: "esa imagen doble, en donde palpita al unísono la enfermedad y la superficialidad y la desmesura, solo consigue entristecerme, pues en ella es posible ver, aunque solo sea al trasluz, como a Donoso le hubiera gustado, la miseria final del oficio y la miseria final de las patrias. La

2 "Como lectores hemos llegado a un punto en donde, aparentemente, no hay salidas. Como escritores hemos llegado literalmente a un precipicio. No se ve forma de cruzar, pero hay que cruzarlo y ese es nuestro trabajo, encontrar la manera de cruzarlo [...] Si no queremos despeñarnos en el precipicio, hay que inventar, hay que ser audaces, cosa que tampoco garantiza nada" (Braithwaite, 2006: 99).

3 En mayo de 1999, cuando yo estaba terminando mi edición de *El lugar sin límites* para Cátedra, conocí a Roberto Bolaño en Madrid, y tuvimos una larga conversación sobre diversos temas, que incluyeron a José Donoso. Para él, el mejor libro donosiano era *El jardín de al lado*; yo hice un voto por *El lugar sin límites,* y también *El obsceno pájaro de la noche.* Concluimos que esa tríada suponía lo mejor de su obra, y así lo anotó después, en otoño de ese año, en un artículo de título sugestivo, "El misterio transparente de José Donoso", aunque su favorita seguiría siendo *El jardín de al lado*: sin duda pesaban razones personales ahí. Recuerdo que me habló también de su disgusto y desconcierto por el hecho de que publicara sus *Poemas de un novelista* en 1981, tan distantes de la calidad de su narrativa; me comentó que incluso había conocido al autor, aunque no abundamos en ello, lo cierto es que Bolaño no deja constancia de ese encuentro, posiblemente casual o breve, tal vez en la España que va de 1977, año de su llegada, a 1981, año del regreso de Donoso a Chile (aunque volvió en 1994 para recoger la Gran Cruz del Mérito Civil). El poeta que era entonces Bolaño no tenía aún interés en la narrativa, algo que aborda después, y le lleva a escribir en colaboración *Consejos de un discípulo de Morrison a un fanático de Joyce* (1984), para entregarse a ello ya plenamente desde 1993. Esa nota crítica de Bolaño, de 1999, aporta una referencia autorizada desde la cual volver a la obra de Donoso dos décadas más tarde.

copa que él apuró hasta el fondo" (Bolaño, 2004: 99). También nombra lo que consideró sus obras fundamentales:

> Donoso escribió tres buenos libros. Uno de ellos muy bueno y los otros dos con la fuerza suficiente como para perdurar en la memoria de sus lectores. El primero *El lugar sin límites*, un libro sobre la desesperación y sobre la precisión. Los otros: *El obsceno pájaro de la noche*, una obra ambiciosa e irregular, y *El jardín de al lado*, que se ofrece como juego y testamento y que finalmente, y ésa no es la menor de las paradojas en la obra de Donoso, fue su testamento literario. En *El jardín de al lado*, entre otras cosas, se narra la historia de un escritor chileno fracasado que vive en Cataluña y que no quiere volver a Chile. El regreso es la perdición. Regresar, aceptarse, permitir que aquellos que son como tú te acepten, te reconozcan, con la única condición de que tú los aceptes a ellos y los reconozcas, se convierte en un acto tan amargo como el de un jugador de fútbol latinoamericano que juega en las ligas europeas y que en determinado momento descubre que allí ya no lo quieren o ya no lo necesitan y debe volver a jugar en la liga de su propio país (Bolaño, 2004: 99–100).

La interpretación es iluminadora, y está escrita por alguien cuya experiencia de transterrado en España le hacía comprender especialmente la situación. Concluye el autor que "para el protagonista de *El jardín de al lado* ya no hay salida. Después de esta novela, para el escritor José Donoso, tampoco" (Bolaño, 2004: 100). Desde la perspectiva del tiempo transcurrido, esa reflexión lúcida sigue resultando válida; por otra parte, el propio Bolaño mostró en su obra guiños hacia Donoso, que era un modo de reconocer su labor y su referencia, más allá de sus distancias. Así puede considerarse, por ejemplo, el título *Una novelita lumpen* (2002), frente a las donosianas *Tres novelitas burguesas* (1973): la oposición y la ironía implícitas no ocultan un modo de homenaje, porque frente a Donoso se cumple una vez más la ley planteada por Harold Bloom[4]: cada generación repite el enfrentamiento de Layo y Edipo en la encrucijada, y el consiguiente parricidio. Además, comparten ambos –siempre desde poéticas disímiles– las figuraciones del infierno, el desvelamiento de la hipocresía y la abyección, o la acogida de lo marginal, en particular la prostitución y la homosexualidad, aspecto este último en que Donoso fue verdaderamente rompedor. No obstante, han de anotarse también diferencias fundamentales; Donoso señaló en *Historia personal del boom* los nuevos modelos elegidos por él y su generación: Joyce, Proust, Faulkner, Sartre, Kafka y Camus. Para Bolaño, el paradigma es poético esencialmente y está más lejos, en especial en Rimbaud y Lautréamont, y más cerca, en Parra y Borges; además, su temática puede resumirse en una dialéctica

4 Harold Bloom, *La angustia de las influencias. Una teoría de la poesía*, Caracas, Monte Ávila, 1973.

romántica: la revolución y el amor, temas ausentes en Donoso. Sin embargo, coincidieron ambos, curiosamente, hasta en la deriva de sus transtierros[5], que por azar los llevó a ambos a México –donde escribió Donoso *El lugar sin límites*, y donde se desarrollan historias esenciales de Bolaño, como *Los detectives salvajes, Amuleto* y mucho de *2666*– y luego a España, donde Bolaño escribe toda su obra narrativa, y donde culminó Donoso *El obsceno pájaro de la noche* y *El jardín de al lado*. Esa segmentación geográfica de la producción donosiana –México, España, Chile– puede suponer un itinerario válido para abordar los grandes hitos de su narrativa.

El periplo vital de José Donoso estuvo signado por una constante errancia, y también por la certeza de que la escritura había de ser su tabla de salvación en medio de todas sus *maladies imaginaires*, como él mismo llamaba a los síntomas de su naturaleza hipocondríaca, que acababa somatizando los males que primero inventaba. Él fue, al decir de Carlos Fuentes o Mario Vargas Llosa, el más literario de su generación; toda su obra habla de la decrepitud y de la desesperanza, y acoge como en un exorcismo sus inquietudes y obsesiones. Ahí están las mansiones decadentes de su infancia, las enfermizas relaciones entre las clases altas y los desposeídos, la caricatura grotesca de la alta burguesía –a la que pertenece–, el gusto por la teatralidad y los disfraces, la fascinación por los seres marginales –con los que se identifica–, los fantasmas de la locura y del deseo, el miedo a la destrucción, la sacralización de la memoria y un sinfín de claves más que él envuelve en sucesivas veladuras.

Sus viajes lo llevan tempranamente a Magallanes y Punta Arenas, y después, a Buenos Aires, lugares donde buscó temas y atmósferas para avanzar en el oficio que había elegido: la escritura. No obstante, trabajó también como traductor, profesor universitario y periodista. En 1957 se refugia en Isla Negra, un espacio que Neruda hizo legendario, y allí finaliza, en la casa de un pescador, su novela *Coronación* (sobre la que Carlos Fuentes ha reconocido en más de una ocasión el influjo en *Aura* y *Zona sagrada*), donde se reproducen las oscuras relaciones edípicas y los espacios claustrofóbicos. Desde allí parte después, con los bolsillos llenos de cartas de Neruda para escritores consagrados entonces, y se instala en Argentina, donde escribe los cuentos de *El charlestón* –en casa de Margarita Aguirre–, y conoce a Miguel Ángel Asturias, Augusto Roa Bastos y Jorge Luis Borges. También a la periodista chileno-boliviana María Esther Serrano, que se convertirá en su esposa en 1961, y con el nombre de María Pilar Donoso firmará

5 El azar hizo que hasta coincidieran en el origen de la dolencia, hepática, que acabó con sus vidas.

las memorias *Los de entonces (Recuerdos)*, de título nerudiano, y publicada con una cubierta muy donosiana, una escena carnavalesca donde una dama aristocrática esconde su rostro tras una máscara blanca. Ella encarnará en *El jardín de al lado* a Gloria, esposa del protagonista, un escritor fracasado que representa al propio Donoso. En la cubierta, inspirada en el cuadro de Magritte *Los amantes*, las cabezas de un hombre y una mujer están totalmente cubiertas por paños blancos que esconden su rostro y no se miran. A pesar del retrato grotesco que ahí se hará de la vida conyugal, ella le da desde entonces una nueva estabilidad que le permite centrarse en su oficio de escritor. Después, Donoso vive entre Santiago, donde colabora con la revista *Ercilla*, y Estados Unidos, concretamente las universidades de Iowa, Princeton y Dartmouth, en las que trabaja.

En 1964 viaja a México, para participar en el II Congreso de Escritores, conoce a Rulfo, y se instala en un pabellón que le alquila a Carlos Fuentes en el fondo de su jardín, donde culmina la escritura de *El lugar sin límites*, la que sería su obra más clásica. Así la veía el propio Donoso, y también Severo Sarduy, y Cabrera Infante, que la calificó como su libro más feliz y al tiempo el más infeliz, donde las víctimas son también victimarias (Cabrera Infante, 1994: 10). Manuel Puig y José Emilio Pacheco colaboraron en el guion de su adaptación al cine, y el director, que al principio iba a ser Buñuel, fue finalmente Ripstein. El film, terminado en 1977, obtuvo el premio especial del jurado en el Festival de San Sebastián.

Donoso consideraba *El lugar sin límites*, como se ha apuntado, su novela más perfecta y completa, como un concierto para violín y piano, y escribirla supuso para él una catarsis, una liberación. Estaba atascado y no podía avanzar en la escritura de *El obsceno pájaro de la noche*, una obra que calificaría como sinfónica, así que entresacó un fragmento de toda esa selva de palabras y la convirtió en esa pequeña joya. Sus páginas no se alejan nunca de la naturalidad, dista mucho del experimentalismo y barroquismo imperantes entonces, y tal vez eso es lo que la ha llevado a sobrellevar mejor el paso del tiempo. La pieza es tan breve y desnuda como honda y universal, y retrata la podredumbre social en el microcosmos de un burdel regentado por un travesti, la Manuela.

El libro, en su aparente sencillez, se sustenta en una compleja trama simbólica tejida desde fuentes literarias, religiosas y mitológicas, y se adscribe al expresionismo que domina la poética donosiana en esa etapa. Con ella logra Donoso dar una estocada definitiva al realismo criollista a partir del escarnio de sus motivos más sagrados, tal y como lo ha anotado Augusto Sarrochi:

> Alejandro Cruz, el representante del todopoderoso latifundista chileno, y también de los héroes de la literatura positivista, en vez de gran señor, omnipotente y vital, es ahora un hombre mayor y enfermo, cercano a la muerte, y con sus mayores proyectos fracasados [...] El huaso viril y el ambiente campesino sano y luminoso, magnificado por el

> criollismo, es visto en la novela desde la excentricidad y degradación de un prostíbulo miserable y con un homosexual como anfitrión, y para enfatizar la degradación, Pancho Vega el representante del macho chileno termina delatándose como un homosexual encubierto (Sarrochi, 1992: 123).

El título, extraído del *Doctor Fausto* de Marlowe, recoge una intervención de Mefistófeles: "El infierno no tiene límites, ni queda circunscrito / a un solo lugar, porque el infierno / es aquí donde estamos / y aquí donde es el infierno tenemos que permanecer" (Donoso, 1999b: 106). Son nítidas las filiaciones sartreanas y la vocación existencialista de la obra, y también su simbolismo religioso. La fuente elegida para hablar del pacto fáustico, Marlowe en lugar de Goethe, puede tener que ver con el tono tragicómico de la obra del primero, más afín al infierno grotesco donde se desarrolla *El lugar sin límites*, dominado por un dios maligno pero patético, en una versión carnavalesca dominada por el tópico del mundo al revés. El latifundista y político don Alejo está viejo y moribundo, pero aún puede controlar las vidas y actos de todos los habitantes de su imperio, el pueblo El Olivo, que parece evocar el Monte de los Olivos donde Cristo reza en vísperas de su muerte, y que pertenece a la misma estirpe de ciudades infernales y míticas que Comala, de Rulfo. La novela sucede en un burdel que refugia la miseria y reitera un motivo clásico del expresionismo, al que también se adscribe la filiación goyesca y valleinclanesca de las imágenes. Como en el infierno de Dante, el frío es el fantasma que domina la historia y atormenta a los condenados, porque don Alejo les niega la electricidad, a fin de que tengan que abandonar el lugar: asimilado a la figura de un padre terrible, quiere que el pueblo muera con él. A pesar de su debilidad, mantiene su presencia altanera y se hace siempre acompañar, incluso en misa, de cuatro perros cuyos nombres poseen connotaciones anticristianas: Moro, Otelo, Sultán y Negus. Su color es negro, el mismo de las sotanas de los curas que evoca en su contexto original, en *El obsceno pájaro de la noche*, y su amo les llega a servir carne humana al lanzarlos contra dos personajes hacia el final de la novela.

El antagonista de ese dios grotesco o carnavalizado es Pancho Vega, también dominado por la ambigüedad. Encarna al hijo rebelde pero también bastardo, de sentimientos contradictorios hacia don Alejo –protector y verdugo– y hacia el travesti que regenta el burdel, la Manuela. Su camión rojo es, como la cabeza colorada del Mudito en *El obsceno pájaro de la noche*, el símbolo fálico en que se refugia, con el que quiere enaltecer su *virilidad* discutida. De niño era el compañero de juegos de Moniquita, hija de los amos, pero le contagia la enfermedad que la lleva a la muerte, y ese sentimiento de culpa nunca lo supera. Con ella jugaba a las muñecas hasta que las burlas de sus compañeros lo avergüenzan, en un escarnio que siempre lo ha de perseguir y que lo lleva a hacer eterna profesión de su *hombría*. Su rebeldía lo aleja de El Olivo, pero la deuda –de algún modo fáustica– adquirida con don Alejo para pagar el camión lo obliga a volver: los poderes del dios son infinitos. Pancho es otra figuración de Luzbel –no en su sentido de dios del infierno, sino de ángel caído–, se enorgullece de sus ojos negros y su aspecto de turco, se niega a ir a misa cuando se lo exige don Alejo, y se encuentra atrapado entre la nostalgia y la culpa.

Por su parte, también la identidad de la Manuela escarnece el texto bíblico. Su nombre es Manuel González Astica y se vincula al bíblico Emanuel, 'Dios está con nosotros', identificado con el Mesías, y al igual que él será sacrificado. En esta nueva vuelta de tuerca carnavalizadora, nos encontramos ante un anciano homosexual que encarna una segunda deuda fáustica, junto a la Japonesa, que regenta el burdel, y con la que tendrá una hija: la Japonesita. Como el Mudito y la Peta en *El obsceno pájaro de la noche,* la Manuela y la Japonesa interpretan una oscura simbiosis que reitera un complejo edipismo, cuyo fruto es en ambos casos un ser anormal: en el primero, un niño deforme; en el segundo, la Japonesita, resultado imprevisto de esa apuesta con don Alejo, que ante su victoria los premia con esa casa que se convierte en su prisión. La Manuela, humillada por todos, es sin embargo el único personaje que puede hallar un camino de salida, en su caso en la fantasía desbordante que alimenta su carácter alegre, que la lleva a convertirse en diva cuando baila y canta "El relicario", y olvidarse de su dolor de encías y de huesos, su decadencia y la cercanía de la muerte. El vestido rojo con que ejecuta su danza al compás de un cuplé es el paralelo simbólico del camión de Pancho en su simbolismo sexual, y con él caricaturiza dos tradiciones: la moral hispánica de machismo y ortodoxia religiosa, y la tradición criollista del campesino viril.

Tanto el vestido de la Manuela como el camión de Pancho se centran en el simbolismo del mismo color rojo, que habla de sexo y violencia, y que se repite en el vino –producto de "las viñas del señor"– y la sangre derramada, y también en las bocas hambrientas de los perros, animales que, por otra parte, tienen oscuras connotaciones sexuales en la narrativa donosiana, que se mueven entre la feminidad, la hechicería y lo diabólico. Las referencias de este tipo surcan toda la novela; se dice que Manuela tiene "embrujado" a Pancho, y se insiste en su filiación con lo demoníaco –"lo diabla y lo vieja que es", "era muy diabla", "llévenme que tengo el diablo en el cuerpo" (Donoso, 1999b: 121, 148, 206)–, de modo que lo sexual e infernal se identifican en esa permanente crítica donosiana a una religión represiva. La ambigüedad de Manuela inaugura la novela, y anuncia su permanente mecanismo de inversión, que derrumba las convenciones morales, sociales, estéticas y religiosas más arraigadas.

Su figura encarna valores positivos, y es probablemente el personaje más entrañable de Donoso: es sentimental y enamoradiza, aún conserva la capacidad de ruborizarse, y le gusta oír boleros que le hablen de amor. Su vestido andrajoso y las plumas apolilladas son emblema de sí misma: reina y espantapájaros –tal y como la retrata Severo Sarduy (Sarduy, 1969: 43–48)–, es un adolescente en un cuerpo de anciano, y también una nueva encarnación del Minotauro; su diferencia es rechazada y escarnecida por todos, y su destino es de pasión y muerte. Solo la teatralidad le facilita máscaras para huir de su cárcel: fabuladora y soñadora, inventa historias románticas de príncipes y héroes que mueren de amor, donde ella es la dama protagonista. Ya anciana y sin esperanzas en el futuro, su preocupación es hacer feliz a los demás en ese infierno de hielo –afín al de Dante– que es El Olivo, tiene capacidad para la ternura y el humor, y se deja explotar por su hija, que le esconde el dinero, y a la que aún le prepara el desayuno a pesar de sus sesenta años, frente a los dieciocho de ella.

El tiempo estático y asfixiante de la novela está dominado por el desencanto y la nostalgia, y compone una suerte de Érebo, como lo fuera *Coronación*, que habla de la culpa de una religión represiva, y también *Este domingo*, regida por la tiranía de las apariencias y la miseria cotidiana, o como lo será *El obsceno pájaro de la noche*, con su laberinto de monstruos y sinrazón, pero también, después, será el espacio compartido por los protagonistas de *El jardín de al lado*, o el espacio de la dictadura donde se desarrolla *La desesperanza.*

El lugar sin límites supuso una reconciliación de Donoso con la tarea creadora, y tras su escritura –datada en 1965– el autor vivió dos años en Estados Unidos, para luego dirigirse a Portugal, en 1967, y a continuación a España, donde permaneció hasta 1980. En nuestro país logra alejarse un tanto de las ocupaciones docentes –con algún paréntesis en Estados Unidos de nuevo– y entregarse a la escritura, aunque con una constante zozobra por sus problemas económicos y de salud. Con su mujer y su hija se instala en Mallorca, pero allí los dolores de úlcera lo atormentan, y las recaídas de su enfermedad lo llevan a hospitales donde la intolerancia a la morfina le provoca alucinaciones e intentos suicidas.

La huella de esos efectos, en forma de pesadillas y paranoia, se proyecta en *El obsceno pájaro de la noche*, un antiguo proyecto que comenzó titulándose *El último Azcoitía* en 1963, y que partía de una visión real que el autor tuvo en 1960 cuando, mientras esperaba junto a un semáforo en Santiago de Chile, vio pasar un coche de lujo conducido por un chofer con librea que transportaba a un enano monstruoso. Una beca Guggenheim obtenida en 1968 le permitió acabarla, y la publicó en España, mutilada por la censura, en 1970. A pesar de ser una de sus obras más valoradas, Donoso renegaba de ella, por el rechazo que le producía su gestación dolorosa y por considerarla una novela de época y ya caducada. En 1979 declara que

> tiene demasiadas concomitancias con el campo del naturalismo. Esta última forma de escribir, llevada hasta sus extremas consecuencias, se convierte en el esperpento, lo que condiciona directamente un tipo de realismo y por tanto una cierta dosis de mimetismo. Por lo general este tipo de literatura no me interesa en la actualidad excesivamente (J. Donoso, 1979: 15).

La resultante es una fantasmagoría barroca y grotesca, una selva verbal que quiere engañar la oquedad de la muerte que acecha, y al tiempo pintar un retrato corrosivo de los juegos de poder entre clases antagónicas. Desde el epígrafe inicial, murmullos y aullidos son los sonidos posibles en una obra oscura, nocturna, donde el ave y el lobo adquieren una poderosa fuerza simbólica, como la tenían en *El lugar sin límites*. Allí es esencial la presencia de los cuatro perros negros ya mencionados, y también del chonchón, que nombra una lámpara de aceite pero también un ave de la mitología chilota, asociada a la brujería y que anuncia desventura y muerte. Tras esos preliminares nos encontramos con una historia que se desenvuelve en dos antiguas mansiones inspiradas en la realidad chilena, un convento ruinoso del norte de Santiago –la Casa de Ejercicios Espirituales–, y una vieja casa patronal cercana a Talca –la Rinconada–. En ambos casos, prisiones creadas por una figura paterna: en el primero, se trata del escenario de una antigua leyenda colonial de hechicería y metamorfosis, donde un padre ordena encerrar a su hija poseída por el demonio por embrujo de su nana; en el segundo, Jerónimo de Azcoitía crea para su hijo deforme un paraíso artificial, inspirado en el jardín de Bomarzo. La técnica del *collage* y los constantes cambios del punto de vista convierten la novela en una historia incontable, donde el rencor de clase de Humberto Peñaloza cristaliza en obsesiones enfermizas: al servicio de los poderosos y aristocráticos Azcoitía, para poder destruirlos se ha de destruir a sí mismo, en alianza con la Peta, la nana bruja de doña Inés, y será el responsable de que nazca ese niño monstruoso, Boy, engendrado por la pareja bajo su intervención maligna. Por lo que a Donoso respecta, la obra supone el final de una etapa y el comienzo de otra, lejos de aquel intelectualismo. Después de vivir en Barcelona y Santander, compra una casa antigua en Calaceite, en esa tierra aragonesa donde nacieran Goya y Buñuel, con quienes le complace que lo comparen. Ahí vive entre 1970 y 1974, para luego trasladarse a Sitges y a Madrid.

Su siguiente libro, *Tres novelitas burguesas*, tan diferente a lo anterior, provoca el desconcierto de la crítica. Le sigue *Casa de campo*, cuyo título inicial iba a ser *La cola de la lagartija*, y que se ha interpretado como una alegoría del proceso chileno. Protagonizada por niños, incluye algunas de las obsesiones donosianas, como la teatralidad, el artificio, el travestismo y la locura. Después, parodia la novela modernista con *La misteriosa desaparición de la marquesita de Loria*, de la que Elzbieta Sklodowska destaca la vocación paródica propia del posboom para superar el agotamiento de la novelística, aunque cree que fue infravalorada por cierto hábito crítico de buscar funcionalidad social en un autor que, a siete años del golpe, discurre por otros derroteros (Sklodowska, 1991: 91). Mientras, la nostalgia y cierto sentimiento de culpabilidad lo acosan cada vez con más intensidad, porque se está perdiendo todo el proceso histórico de su país, y hasta el habla chilena se le está olvidando.

Regresa en 1980, tras firmar en Calaceite *El jardín de al lado,* una historia de exiliados que reitera la temática de la pérdida del paraíso. La abren dos epígrafes elocuentes, ambos relativos a su vínculo con Chile: el primero es de Joyce: "History, Stephen said, is a nightmare from which I'm trying to awake"; el segundo es de Cavafis, e incluye estos versos:

> "[...] Donde vuelvo mis ojos sólo veo
> las oscuras ruinas de mi vida
> y los muchos años que aquí pasé o destruí".
> No hallarás otra tierra ni otro mar.
> La ciudad irá en ti siempre. Volverás
> a las mismas calles. Y en los mismos suburbios
> llegará tu vejez; en la misma casa encanecerás (Donoso, 1999a: 9).

El libro está protagonizado por Julio Méndez, un novelista fracasado y bilioso –perfilado como *alter ego* del autor–, que rumia sus obsesiones mientras intenta escribir, en una casa prestada de un barrio rico de Madrid, una novela sobre sus días de calabozo posteriores al golpe. De algún modo puede verse la obra como una versión paródica de la *Historia personal del boom*, donde Donoso infravalora la tarea de ese movimiento que defendía de los ataques, mientras contempla melancólico el jardín de al lado: allí tienen lugar escenas felices de sofisticados integrantes de las clases altas, que le recuerdan su propia infancia y juventud en la mansión familiar de Santiago. A lo largo de la novela, rencores, frustraciones y fracasos se enredan y acumulan tejiendo una atmósfera densa e irrespirable[6],

6 "¿Por qué seguir, a mi edad, tributando a esa vetusta tiranía [de anhelar ser escritor]? ¿Por qué no asumir el fracaso como vestidura permanente? No tengo nada que afirmar. Nada que enseñar. Soy incapaz de crear, aunque sí puedo apreciar la belleza [...] Aceptar que soy algo que jamás proyecte ser: tal vez un excelente traductor [...], sin duda un eficaz profesor de literatura. No seguir esclavizado por mi pretensión de convocar un universo poético regido por sus propias leyes refulgentes como, pese al insoportable oropel de falsedades comerciales, logran hacerlo, a veces, García Márquez, Carlos

mientras el mecanismo de construcción elegido es el hiperrealista o *beaubourg* (1999a: 27) –que destrona al autor para desvelar la tramoya–; así, Donoso muestra el artificio al lector y le ofrece la trastienda de la creación: "Puedo, o puedo no haber dicho estas cosas –me inclino a creer más bien que no–, junto a la puerta del cuarto de baño" (1999a: 250).

El jardín de al lado se convierte en espacio de la imaginación, ahí se proyectan la memoria de lo perdido o las ilusiones imposibles, y de algún modo es también metáfora de la escritura: es el lugar de los recuerdos, que pueden incluir, por ejemplo, el espejismo de su padre anciano que aún juega tranquilamente con su perro. Esa dialéctica de la realidad y el deseo vertebra la novela: la historia del fracaso del escritor se solapa con el fracaso de la revolución chilena, y ni siquiera la literatura se ofrece como tabla salvadora. El sentimiento de culpa domina al personaje: por no haber cumplido la profecía nerudiana de escribir la gran novela social de Chile, por su inacción política ante su país devastado por la dictadura, y por otra parte, ya en su lado más oscuro, por su heterodoxia en un mundo machista, algo que se vislumbra por ejemplo en su atracción por el joven Bijou, al que llama "mi aliado en la abyección" (1999a: 250), y que lo orienta para hallar una cabina trucada para llamar a Chile: "Entré con el muchachito en la estrecha cabina: su talle delicado quedó perturbadoramente junto al mío y además consciente de estarlo"; más adelante leemos: "Di un suspiro de alivio, que por un lado me relajó, dejando solo un odio a mí mismo, bastante manejable, por este temor a la homosexualidad de la gente de mi medio y mi generación, que yo creía haber superado" (1999a: 86–87). Igualmente, el personaje observa y desea a los jóvenes del jardín de al lado: "me abro en una oquedad de melancolía al darme cuenta de la irreparable exclusión de mi cuerpo y mi mundo ante el desenfadado vigor de esos cuerpos" (1999a: 112).

El paraíso de ese jardín tantálico –"de al lado"– se ofrece como contrapunto al infierno de la vida real y las interminables disputas matrimoniales, donde el tedio, la sordidez, la desesperanza y la pérdida de todos los valores van acompañados del *cognac* y los barbitúricos como único consuelo:

> Gloria y yo, aterrados con el insomnio que proyecta las sombras agigantadas de nuestros fracasos sobre un paisaje de fantasmas, en vez de adormecernos en forma natural en la noche o de aceptar la vigilia, nos suicidamos simbólicamente todas las noches tomando un Rohipnol antes de apagar la luz. Yo duermo hasta el día siguiente sellado dentro de un sueño sin sueños, negro y ahogante. Despierto irascible, como si durante la noche hubiera extraviado una parte de mí mismo... bebo durante el día para estimularme y no

---

Fuentes, Marcelo Chiriboga o Cortázar. Darme por vencido: la dulzura del fracaso aceptado" (Donoso, 1999a: 122).

> temer a mi máquina, o para matar mi lucidez insoportable, a veces mi odio, siempre mi incertidumbre, y como todo esto solo consigue mi desasosiego tomo Valium hasta quedar idiotizado frente a la televisión (1999a: 78).

Julio, que se había prometido tres meses de trabajo cómodo en esa nueva ciudad para poder acabar la novela, es víctima de desafortunadas incidencias. En ese escenario vamos a ver proyectadas toda la precariedad, miserias y mezquindades que rondaban a aquellos latinoamericanos transterrados que poblaban por esos años setenta y ochenta el territorio español, con su bagaje de ideales arrasados y de sueños y familias rotas.

En ese autorretrato burlón, el autor se presenta como paranoico, hipocondríaco, torturado y pedante –las expresiones en inglés y francés pueblan toda la novela–. Su mujer es presentada como *hechicera* (1999a: 254) neurótica y envejecida, carente "de la economía brancusiana que tanto amo, y también ahora, hasta de la elocuente seguridad del trazo de Ingres" (1999a: 114)[7]. Es interesante en este sentido considerar la cubierta elegida por Donoso para las dos ediciones de la obra: la de 1981, ya comentada, que evoca las veladuras y máscaras tan queridas por el autor, y la revisada de 1999, con un detalle de *Mujer en el espejo* de Giovanni Bellini. Esa dama desnuda y pelirroja que protagoniza el cuadro sugiere la figura de la protagonista, Gloria (o Pilar Donoso, en la que se inspira), y parece un modo de homenaje final a ella, además de sugerir la técnica usada, la *mise en abyme*, con el enfrentamiento de dos espejos: uno repite el rostro, y el otro, la zona oculta. El telón de fondo de la novela es una doble realidad histórica: las tensiones de la España de la transición, en cuyas calles abundan los *graffiti* nostálgicos del franquismo, y la lamentación ante el nuevo Chile –donde los muchachos crecen con el cerebro lavado, según nos dice el protagonista–, y también ante la diáspora de argentinos, chilenos, uruguayos, brasileños o centroamericanos, "algunos perseguidos, la mayoría en exilio voluntario porque ahora resultaba imposible vivir allá" (1999a: 33).

El aparente ajuste de cuentas hacia su compañera de vida se extiende a la editora Núria Monclús, trasunto de Carmen Balcells, presentada como terrible "diosa recaudadora", cruenta y codiciosa, instalada en su "cómodo sitial" (1999a: 33)[8], y en general al *boom*, una literatura "con alardes de experimental

---

7 El cuadro referido es *La gran odalisca* de Ingres, que retrata a una mujer desnuda y de espaldas.

8 Ya en Donoso, *Historia personal del boom*, leíamos: "Carmen Balcells parecía tener en sus manos las cuerdas que nos hacían bailar a todos como a marionetas, y nos contemplaba, quizás con admiración, quizás con hambre, quizás con una mezcla de ambas cosas, como contemplaba a los peces danzando en sus peceras" (Donoso, 1972: 115).

que ahora interesa poco a las nuevas generaciones" (1999a: 46). Sus alegatos contra esas dos mujeres tan importantes en su vida son alterados por la vuelta de tuerca final, que presenta a una esposa y una editora exitosas y colmadas de valores. Sin embargo, lo antes escrito queda ahí como una herida abierta.

Una vez en su país, Donoso se afilió a Partidos por la Democracia, un tipo de gesto que algunos años antes veía inconcebible para sí mismo. Después se inscribió en el Frente Amplio de Intelectuales por el NO, junto con Parra, Zurita y otros, formado con vistas al plebiscito de 1988, que según la constitución promulgada por Pinochet en 1981 había de decidir la continuidad del régimen, y que logró derrocarlo en el marco de la legalidad. En 1986, salda una deuda íntima con quien fuera su amigo y protector, Neruda, a través de su nueva novela, *La desesperanza*. En ella, un cantautor llega desde el exilio a los funerales de Matilde Urrutia, viuda del poeta, y se encuentra con su país hundido en la violencia y la desolación. Se trata de su primera novela política, y está vertebrada por un motivo conductor, el *caleuche*, que desde la mitología chilota se entronca con la leyenda del buque fantasma, ahora para representar a la patria a la deriva con todos sus muertos, también evocados en la cubierta del libro, con el cuadro de Arnold Böcklin *La isla de los muertos*.

En los años noventa trabaja en nuevos proyectos, como las *Conjeturas sobre la memoria de mi tribu* (1996), o una telenovela sobre la magia de Chiloé que firma con la mexicana Televisa, y finaliza su última novela, *El Mocho* (póstuma, 1997), donde se reitera la imagen del monstruo en su laberinto –doblemente desterrado, por poderosos y humildes, en su condición de desclasado–, y también las mansiones decimonónicas, la memoria y las genealogías de oscuros recovecos, la feminidad maligna (la Elba convoca la muerte de los mineros y la mutilación del Mocho), el asco y la náusea que hablan de un infierno en la tierra, los retablos de lujuria y muerte o el contrapunto entre aristocracia y miseria. El marco de la dictadura, que sutilmente se deja traslucir, presenta la fantasmagoría de los desaparecidos y la asfixia de los espacios cerrados –la mansión, el circo, el burdel, la patria– con su consecuente degradación y corrupción.

Concluye así su errancia y también su producción camaleónica, donde se distancia del resto de su generación: "Yo nunca he sido un realista puro, pero mi rechazo del realismo no se da, como ocurre en los latinoamericanos, por medio de la fantasía, sino de lo artificial. Me planteo la novela como puro artificio" (Donoso, 1988b: 38). Este es, posiblemente, el punto en que se hace mayor su distancia con Roberto Bolaño, cuya obra busca la naturalidad y la autenticidad. Ambos comparten la idea de que no hay más paraísos que los perdidos ni más utopías que las imposibles, pero la actitud donosiana, con sus gestos de pequeño dios a lo Huidobro, deja ya lugar a un tiempo nuevo en que el escritor, sea *clown* o quijote, se aleja definitivamente de su modelo, aunque mantiene la fe en la escritura como tabla de salvación, más allá del derrumbe de tantas cosas. El "misterio transparente" de Donoso que nombraba Bolaño, y que él ocultaba tras disfraces y máscaras, ha quedado definitivamente desvelado después de la apertura de sus archivos, tal y como él mismo dispuso, a los quince años de su muerte. Y en nuestro siglo XXI su obra sigue vigente, tal y como Bolaño la presentara: "La herencia de Donoso es un cuarto oscuro. En el interior de ese cuarto oscuro pelean las bestias. Decir que él es el mejor novelista chileno del siglo es insultarlo. No creo que Donoso pretendiera tan poca cosa. Decir que está entre los mejores novelistas de lengua española de este siglo es una exageración […] Chile no es un país de novelistas […] En el gran teatro de Lezama, Benet, Puig, Arenas, la obra de Donoso automáticamente se desplaza a un segundo plano y empalidece"; todo ello, para concluir que es "el mayor novelista chileno" y que hay que volverlo a leer (Bolaño, 2004: 100–101).

Obras citadas

Bloom, H.: *La angustia de las influencias. Una teoría de la poesía*, Caracas, Monte Ávila, 1973.

Bolaño, R.: *Entre paréntesis. Ensayos, artículos y discursos (1998–2003)*. Edición de Ignacio Echevarría. Barcelona, Anagrama, 2004.

Braithwaite A.: (sel.), *Bolaño por sí mismo. Entrevistas escogidas*, pról. de Juan Villoro, Santiago de Chile, Universidad Diego Portales, 2006.

Cabrera Infante, G.: "El difícil arte de ser Donoso", *El País*, 15 de octubre de 1994.

Donoso, J.: *Historia personal del "boom"*, Barcelona, Anagrama, 1972.

Donoso, J., "Entrevista con José Donoso. «*Casa de campo* es mi mejor novela». Premio de la Crítica 1979", *Mundo Obrero*, 4 de marzo de 1979, pág. 15.

Donoso, J.: "Ítaca: el regreso imposible", trad. de Max Parra, en Norma Klahn y Wilfrido Corral (coords.), *Los novelistas como críticos*, vol. 2, México, FCE, 1991: págs. 38–52. (Publicado originalmente en *The City College Papers*, núm. 18, Nueva York, febrero de 1980), p. 40.

Donoso, J.: "José Donoso", *Diario 16*, 12 de junio 1988a.

Donoso, J.: "Novelas sobre novelas. Una confesión literaria", *El País*, 12 de mayo de 1988b.

Donoso, J.: *El lugar sin límites. El obsceno pájaro de la noche*, Caracas, Ayacucho, 1990.

Donoso, J.: *El jardín de al lado*, Santiago de Chile, Alfaguara, 1999a (copyright de 1996, reedición revisada por el autor; 1ª ed. 1981).

Donoso, J.: *El lugar sin límites*, ed. de Selena Millares, Madrid, Cátedra, 1999b.

Fuentes, C.: *La nueva novela hispanoamericana*, México, Joaquín Mortiz, 1969.

Marco, J. coordinador, *José Donoso*, Madrid, Cultura Hispánica, 1997.

Sarduy, S.: "Escritura / Travestismo", en *Escrito sobre un cuerpo*, Buenos Aires, Sudamericana, 1969.

Sarrochi, A.: *El simbolismo en la obra de José Donoso*, Santiago, La Noria, 1992.

Sklodowska, E.: *La parodia en la nueva novela hispanoamericana (1960–1985)*, Amsterdam y Filadelfia, John Benjamins Publishing Co., 1991.

Eduardo Moga

José Donoso: la poesía de un novelista

La obra de José Donoso (Santiago de Chile, 1924–1996) es la obra de un novelista. En este género alcanzó sus mayores logros –desde su *opera prima*, *Coronación*, en 1957, hasta *Casa de campo*, en 1978, pasando por *El lugar sin límites*, en 1966, y *El obsceno pájaro de la noche*, en 1970, entre otros títulos–, aunque también fue sobresaliente ese diario, que es también unas memorias y un libro de ensayo, *Historia personal del "boom"*, en 1972, que aportó una vívida visión intrahistórica de uno de los principales fenómenos literarios del siglo XX, el "boom" hispanoamericano, del que él se sintió integrante, "por converger en un mismo momento y en un mismo lugar con ese grupo", como escribió su hija, María Pilar Donoso, pero del que intuyó que, "en el fondo, nunca fue parte importante". En su producción, solo consta un libro de poesía, y más bien breve (contiene treinta piezas): *Poemas de un novelista*, publicado en Chile en 1981 (Santiago de Chile, Ganymedes), y reeditado en 2009 en España (Madrid, Bartleby Editores), con prólogo de Jorge Edwards. (*Poemas de un novelista* es un libro muy español: tres de sus cuatro secciones se sitúan en localidades españolas: Calaceite, Madrid y Sitges. Solo "Tres poemas de 1952", "que tal vez no pasen de ser tradicionales ejercicios románticos", en palabras del propio Donoso, escapan a esa localización peninsular. Es evidente que lo hispano estimulaba especialmente la creación poética de alguien que se resistía a ella). José Donoso reconoce en el prefacio a ese único poemario que nunca ha sido "un gran consumidor de poesía" y, más aún, que "no quiere ser poeta": "La poesía me parece un quehacer tan aterradoramente serio, solitario, definitivo, esencial, y las esencias, así, escuetas e implacables, no son mi vocación". Donoso niega que quisiera hacer un libro de poemas –jamás tuvo intención de ello, confiesa– e incluso que *Poemas de un novelista* contenga una "visión poética" –que encarna en el ritmo y la cadencia, o en su ausencia; que es la persona y el estilo y la creación de un universo lírico–, esto es, que sea poesía: "Las tramas de sonoridad a distintos niveles, que constituyen la esencia de la poesía, están sustituidas aquí con frecuencia por crónica y anécdota, itinerarios y recuerdos, elementos todos muy novelísticos". Sin embargo, habiendo leído todas estas manifestaciones, y otras del mismo tenor que salpican las reflexiones de Donoso sobre el género, uno se sorprende de averiguar que las dos condiciones que le impuso a su futura mujer para casarse con ella fueron que supiera conducir (él no sabía y no pensaba aprender nunca; el rechazo de los poetas a la conducción de vehículos, o su incapacidad para practicarla, es un asunto –de resabios freudianos, conjeturo– que merecería estudiarse con detenimiento) y que leyese a Proust –Proust, ese gran poeta emboscado de novelista–, porque de otro modo no tendrían de qué hablar; y que, en su lecho de muerte, pidiera que le leyesen versos de *Altazor*, de Vicente Huidobro.

¿A qué responde, pues, este libro, compuesto por alguien que no lee demasiada poesía, que no se considera poeta y que ni siquiera está seguro de que sea poesía? Según explica Donoso, a la necesidad de "hacer autobiografía, de dar intimidad propia como *propia*, y [de] darle curso a mi soledad y a mi ternura". Sus novelas, nunca inmediatas y siempre metafóricas y abarrocadas, según Jorge Edwards, se lo impiden. La poesía, en cambio, le abre las puertas de una comunicación limpia y directa, de una crónica realista, sin imaginación –desbordante en su prosa– y "sin recurrir a la metáfora", asimismo abundante, constitutiva de sus ficciones, y le permite dar curso formal a su conciencia de cada día, a su estar de cada día, a la insignificancia –pero insignificancia extraordinariamente importante para cada uno de nosotros– de cada día. Como dice de John Donne, en comparación con John Milton, "sus metáforas son parte de lo inmediato, del texto mismo, no de algo que el texto señala afuera de sí". Milton, por el contrario, es un gran escenógrafo, un movilizador de tramoyas y aparato. Y Donoso quiere "eliminar toda escenografía –visual y emocional– para dejar el poema íntimo y desnudo, tiritando pegado a mí".

Jorge Edwards suscribe lo dicho por Donoso, y subraya el carácter elemental, sencillo, de los poemas de *Poemas de un novelista*, reivindicadores de una mirada inocente y primaria:

> Es una paradoja interesante: en su poesía, Donoso procuraba ser escueto, incisivo, controlado, en contraste con su prosa narrativa. Para el narrador esencialmente visual, siempre atento a la pintura, constructor de grandes cuadros verbales, que era José Donoso, las novelas tendían a ser lujuriosos frescos al óleo. Los poemas, en cambio, eran dibujos nerviosos a lápiz o a tinta china.

Sin embargo, y frente a opiniones tan autorizadas y categóricas –aunque las del autor no sean necesariamente las mejores para comprender la naturaleza o el propósito de lo que haya escrito–, nuestra lectura de la poesía de Donoso acaso discrepe de esa alegada simplicidad, de ese figurativismo autobiográfico reacio a la analogía y a los vericuetos de la fabulación. Porque es cierto que *Poemas de un novelista* es de una gran precisión descriptiva, que adquiere incluso visos puntillistas, y que revela un ansia de exactitud en la captación de la realidad, casi siempre cumplida. Pero esta aproximación minuciosa, casi microscópica, a las rugosidades de las cosas, los lugares y los sentimientos no constituye ningún figurativismo formulario ni tradicional. Por el contrario, el Donoso poeta es vigorosamente metafórico y, en el sentido más noble del término, fuertemente retórico. Y esto es algo que se observa desde el primer verso, desde el primer poema del libro:

> Deshabitados los ojos.
> Vacía la piel:
> trepa la yedra a la piedra
> que no la siente trepar.
>
> Es la temporada de endebles,
> silenciosos huracanes.
> La nube pasa,
> embala el paisaje en su cáscara de frío.
>
> La luz afila aleros y esquinas:
> por súbitos trapecios de sombra
> transcurre gente encorvada y de prisa,
> vuelta hacia adentro como un guante:
> toda superficie gastada y mal pulida.
>
> ¿Qué queda?
> ¿A quién tocar?
> ¿Qué mirada que se trice
> repentinamente abierta como la risa de una sandía?
> Algún recoveco de este puño de piedra
> agarrotado en la colina
> esconde bandoleras en baúles, y bordados,
> lascivas sedas de arañas
> festoneando vigas de buhardillas…
> Sé que hay camas agraciadas con el mismo calor
> de un pan de corteza dulce y miga.
>
> Todo lo esconde este frío
> propiciador de lutos, llaves mohosas,
> rencores, devociones, pestillos
>
> ¿Qué, quién, qué ojos
> dulces de reconocimiento,
> qué sedosa piel permeable a la fantasía?
>
> Mi tiempo queda tendido como un cuero sangriento
> bajo el sol caduco: no lo curte,
> lo encarruja como las caras, lo seca como las manos,
> va inutilizándolo con los golpes de la campana
> que desde la torre desmenuza el día.

No hace falta emprender un análisis exhaustivo de la composición: el aparato retórico salta sin óbice a la vista (y al oído). También, por cierto, los ecos de Neruda, ese gran metafórico ("en la adolescencia y en la primera juventud (…), yo y mis amigos leíamos a Neruda, Neruda y nada más que Neruda…", reconoce Donoso en el prólogo): esas yedras que trepan y esos huracanes, como en el poema V de *Veinte poemas de amor y una canción desesperada*; o esas campanadas que simbolizan el paso del tiempo, como en "Galope muerto", el primer poema de *Residencia en la tierra*; o esa "risa de una sandía", que remite derechamente al "¿de qué ríe la sandía / cuando la están asesinando?", de *Libro de las preguntas*; o la breve enumeración caótica que cierra la quinta estrofa y cifra su eficacia, como toda buena enumeración caótica, en la adyacencia de realidades materiales y espirituales. Los "ojos deshabitados" y la "piel vacía" de los versos inaugurales son metáforas; también la "cáscara del frío", los "trapecios de sombra" y los "puños de piedra", las tres de complemento preposicional. Y unos cuantos símiles –además, aliterativos– están a punto de serlo: "gente como un guante", "el tiempo como un cuero sangriento". En el poema advertimos también paradojas ("endebles, / silenciosos huracanes") y numerosas personificaciones: la piedra siente, la nube embala, la luz afila, la sandía ríe, el día desmenuza. Y aliteraciones, que tunden los versos con terquedades sonoras: de /e-a/ en la primera estrofa; de /a/ en la segunda; y de /k/ en las dos últimas, que reproduce las campanadas tenebrosas: qué-quién-qué-reconocimiento-qué-queda-como-cuero-caduco-curte-encarruja-caras-seca-campana. Esta porfía fónica no es la única que dota de empaque musical a los versos: otras iteraciones (la anáfora de "qué", la repetición de "quién" y el políptoton de "trepa-trepar", entre otras) y las ocasionales asonancias y rimas internas (esquinas-prisa-pulida, colina-buhardillas-miga) redondean, aunque sincopadamente, a golpes, el perfil rítmico del poema. Para alguien que dice rehuir la metáfora y buscar una expresión desembarazada, sin torceduras, la cosecha de analogías y figuras retóricas no es parva ni deleznable. Y, desde luego, si esto es realismo, no tiene nada que ver con el realismo desnarigado de la España finisecular (que perdura, epigónicamente, aún hoy), para el que semejante despliegue elocutivo constituye un derroche de orfebrería y una bambolla superflua. Pero es que también el concepto de realismo evoluciona: el que tuviera Donoso en los 70 estaba a años luz de ese otro, aburguesado e imperito, que convenció a legiones de escribientes de que la mejor –de que la única– forma de describir un cielo azul era llamarlo "azul". Y aún sería más interesante analizar el propio concepto de realismo: ¿por qué es más *realista* la descripción de la matanza del cerdo que contiene el poema 9° de "Diario de invierno en Calaceite (1971–1972)" que la que hace Donoso, de ese mismo acontecimiento, según informa en el prólogo, en su novela *Casa de campo* (primera parte, segundo capítulo, tercera sección)? ¿Por qué el hecho de que haya más palabras en esta, y más boscosamente abrazadas, la aleja de la realidad, mientras que la menos espesa lingüísticamente la acerca a ella? (Y aún podríamos ir más allá: ¿de qué realidad?;

¿cuál es la "realidad" de la obra literaria? Pero dejaremos este debate para otra ocasión).

El léxico de Donoso es vivaz y singular; la adjetivación, imprevisible (a una llamarada, metáfora del invierno, la califica de "desteñida" en el tercer poema de "Diario de invierno en Calaceite [1971–1972]"); y con frecuencia practica juegos verbales, que denotan una incansable conciencia lingüística y una reconocible influencia de la vanguardia, siempre lúdica y experimentadora: "Hay vida: / olvido, vida, olvida", leemos en "Libro"; y "posan, reposan, pesan / la pasión pasiva, / o simplemente privada", en "Los brazos de madame Rivière, de Ingres", con categórica aliteración de /p/. La poesía de *Poemas de un novelista* es, pues, una lírica imaginativa –en el sentido de productora y cultivadora de imágenes– y sensorial, que se debate entre la derechura y la oblicuidad, pero de cuyas oposiciones genésicas emerge victoriosa, con frecuencia, una sintaxis discretamente fracturada, cubista y también expresionista, ajedrezada por un vocabulario inquisitivo y una subida coloración musical. Frente a la sencillez alegada por Donoso y por su prologuista en la edición española, las composiciones del libro ofrecen una estructura y un desarrollo que no se avienen a enderezamientos transparentes, ni consienten en secuencias elementales, sino que pugnan por dibujar cuadros multifacetados, no exentos de aristas, en los que se entrecruzan los espacios y los tiempos, y donde los deseos (o las intenciones) no acaban de encontrar acomodo: la dicción se rebela y prefiere cauces encrespados, incluso tortuosos.

Esto no significa que Donoso sea enrevesado o críptico, ni que no se acoja a formas escuetas o un lenguaje terso, aguzado siempre por el afán de precisión. Con no escasa frecuencia, las imágenes que crea o recoge se plasman en poemas-momento: breves fotografías o haikús prolongados, como el 7º de la sección inicial o "Palacio de vidrio", perteneciente a "Madrid, 1979", que recoge la visión de una niña doliente, con un libro, en lo que acaso sea el Palacio de Cristal del parque de El Retiro de Madrid; una imagen, como escribe Donoso en los últimos versos del poema, "asida a mi palabra / para no perderse, / para no perderla". El propio poeta y Jorge Edwards, en la cita antes transcrita, han subrayado la importancia de lo visual en la lírica donosiana, y el indeclinable interés del autor por los géneros en los que lo visual ocupa la raíz de lo que se dice, como la fotografía y el cine: en la edición chilena de *Poemas de un novelista*, una serie de fotografías "eran parte inseparable del texto: se entrelazaban con los versos y se enriquecían de forma recíproca", recuerda Edwards; esas seis instantáneas se han incorporado a un anexo en la edición española. Ambos, Donoso y Edwards, saben que, para escribir bien, hay que mirar bien, o, simplemente, saber mirar; la escritura, con algún talento, algún oficio, mucho trabajo y un poco de suerte, vendrá luego, si es que ha de venir. A la mirada del escritor cabe aplicarle el versículo de Mateo: "La lámpara del cuerpo es el ojo; así que, si tu ojo es bueno, todo tu cuerpo estará lleno de luz. Pero si tu ojo es maligno, todo tu cuerpo estará en tinieblas" (6, 22–23, traducción de Casiodoro de Reina y Cipriano de Valera). Ese gusto de José Donoso por fundir palabra e imagen, o, dicho con mayor justeza, por hacer palabras de las imágenes, por transformar lo que capta el ojo en signo o símbolo que reproduzca en otros ojos –y, a su través, en otra conciencia, la del lector– cuanto ha volcado aquel en la suya, cumpliendo así el destino circular de todo acto de comunicación –y la poesía es un acto de habla–, se revela en todo el poemario, pero con mayor concreción en su última sección, "Retratos" (fechada en 1977 en Sitges, un pueblo de la costa meridional de Barcelona, donde también residió y escribió, en los 40, otro escritor digno, aunque por motivos muy dispares, de rememoración, César González-Ruano), que recoge retratos vueltos poema –del padre, de la madre, de la tatarabuela, de la hija (la familia es una compañía constante en la obra de Donoso; también los niños, que aparecen con frecuencia en sus poemas, como símbolo de una inocencia, y también de una crueldad, no tocadas aún por la crueldad del mundo), pero también de cuadros y obras de arte contemplados en los museos del planeta.

La incisión de la mirada recae, en los poemas de *Poemas de un novelista*, en el paisaje que rodea al poeta, especialmente reconocible en la primera y más importante sección del poemario, el "Diario de Calaceite", donde consigna los hechos de su intimidad en los años que pasó en este pueblo de Teruel, entre 1971 y 1975. Allí vivieron "muy pobres y muy aislados", en una casa que no siempre tenían dinero para calentar. Y sigue contando Donoso:

> Mi hija asistía a la escuela pública, compañera de las hijas de los gañanes de la comarca. Era un mundo tremendamente ajeno, tremendamente solitario, tremendamente –así lo sentíamos– frío y hostil. (…) Yo, entretanto, encerrado contento en mi alto estudio desde el que se ve la torre churrigueresca de la iglesia y los tejados que caen colina abajo, me enfrentaba a diario con la población de mis páginas. Mi hija correteaba y cantaba y peleaba con las demás niñas del pueblo bajo los arcos renacentistas del ayuntamiento.

Se trata de un paisaje visto y sentido, que abarca la casa, el pueblo y los campos. Donoso desmenuza ese paisaje en los poemas: por un callejón de sillares huye el viento; el maíz, puesto a secar, cuelga de los balcones; se regalan higos, tomates y coliflores –que son "barrocas"–; los rebaños envuelven al pueblo a su regreso al atardecer; de las callejuelas se elevan las columnas de humo de las chimeneas. Donoso, con el espíritu meticuloso de los verdaderos artesanos del lenguaje, da fe incluso del habla del lugar, en el que, como en otras partes de Aragón, se han incrustado catalanismos: *xiquet*, *lo ric*, y hasta describe lo que no hay: un castillo "con que la leyenda corona la colina". Los campos comparecen en forma de secarrales pardos, de "argila concentrada", de almendros y maizales, de "cipreses sigilosos". Pero es sobre todo en la casa donde se concentra el peso descriptivo del poemario, porque reúne varias dimensiones simbólicas, no necesariamente concordes, que dialogan sin pausa. Celebro reconocer, en la descripción de ese espacio que se habita, la cal y los candiles que también me rodeaban a mí, en esos mismos años, en otro pueblo aragonés no muy lejano de Calaceite, Azanuy, en la provincia de Huesca: la cal de las paredes, abombada y amarilleante, y los candiles –en manos de la abuela o de la madre– con que nos alumbrábamos, como los antiguos romanos, cuando las tormentas veraniegas saboteaban el suministro eléctrico: eran tiempos de precariedad. La casa es, en *Poemas de un novelista*, metáfora del cuerpo y refugio del yo: el lugar en que es posible la respiración, en el que cabe vivir sin dolor, frente a un "afuera" de seres que pasan, en silencio y sin rostro, grises y apresurados, símbolo, a su vez, de lo extraño, de lo incomprensible, de lo que muere. La familia –la esposa, la hija– encarna el calor, la negación del desamparo: son lo que se ama, que vivifica ese espacio que, sin ellas, sería solo una carcasa grande y huera. La casa, ese cuerpo propio en el que desembocan y con el que se funden los cuerpos amados –los cuerpos con los que se lee y se duerme, con los que se vaga y está–, ofrece protección frente al frío, un frío que muerde y atormenta, sustancia atroz del invierno, cuya condición de "europeo" subraya la de exiliado –ese frío político– del autor:

> Invierno europeo, solapado, hostil,
> qué bien sabes cómo hieres.
> Apego por primera vez la cara
> a tu helada mejilla litúrgica.
> (…)
> el invierno va haciendo añicos
> cualquier esbozo de enternecimiento
> sobre el yunque de este frío.

Y también, en otra composición, "a mí este invierno europeo, / tan largo, tan distinto, / me astilla el corazón y las manos".

Pero también la casa es fría, aunque su gelidez sea distinta. La casa se empapa de ella, pero la combate, la expulsa –o transustancia– con las pequeñas hogueras de la ternura y la cotidianidad. Donoso no solo atiende a lo grande que lo rodea –los techos altos y las habitaciones enormes, la torre de la iglesia, los eriales o labrantíos que divisa desde su estudio o que recorre en sus paseos–, sino, sobre todo, a lo que está al alcance de la mano –o es la mano, como en el poema "Mi mano", que recuerda, en su esmerado reparar en los mecanismos y características de la extremidad, a aquel otro de Claudio Rodríguez en que el poeta de Zamora se asombraba del milagro de articulaciones y movimientos que la animaba–, a la minucia de lo inmediato, a cuanto configura una épica de la humildad, no lejana de esa otra, de la pobreza, que caracteriza la poesía de Antonio Gamoneda. Y la casa es de piedra, como casi todas las del pueblo: una piedra que no siente, como en el poema de Darío, "idéntica a sí misma / (…) toda superficie / aunque carece de piel sensible / al manoseo de la araña que la cruza, / y de ojos para enceguecer / con la abierta marea de las sierras"; una piedra insomne que acoraza y, al mismo tiempo, enajena, porque separa de lo circundante; una piedra que es piel, pero también indiferencia; una piedra dubitativa e inalterable. Una piedra, en suma, metáfora de la soledad que nos cerca, pero también del cariño que nos acompaña; del frío acosador, pero igualmente del refugio y la alegría; de la permanencia, de lo indestructible, pero asimismo de lo caedizo y temporal: de lo que nos arrastra fuera de toda seguridad, hasta la seguridad última de la muerte.

Porque *Poemas de un novelista* alberga momentos de gran intensidad existencial, a los que conducen, por su orquestación y su brío, los engranajes retóricos examinados hasta este momento, y que hinchen estos poemas de desahogo autobiográfico, con los que Donoso pone pie a tierra, y que reconoce haber compuesto como alivio, claraboya o respiradero de las "monstruosas exigencias de la prosa". Aquella esencialidad de la que el poeta abominaba radica en esta hondura embozada, en esta subyacencia de las grandes angustias de un hombre solo y dolorido, enfrentado a una creación imprescindible pero estragante, que son también las grandes angustias de todos los hombres. El tiempo y la muerte, esas dos cosas que son, en realidad, una sola cosa, agujerean la percepción y el alma: la muerte del cerdo, en la matanza antes descrita, es alegoría de la muerte que nos constituye a todos: de la muerte por hambre, por guerra (en un país como España, cuyos habitantes hacía solo treinta años que se mataban todavía unos a otros) y por frío, que la carne y la sangre del animal vienen misericordiosamente a posponer; y su chillido agónico recuerda al aullido del lobo que, aunque extinguido, amenaza con devorarnos a nosotros. En el poema undécimo de esta misma primera sección, el yo lírico dibuja un peligro difuso, una presencia inconcreta pero inquietante, como un vago eco de la que asoma en *Casa tomada*, de Cortázar, que se identifica con el paso de un tiempo cercenador:

> Bultos antes invisibles
> comienzan a bullir en los rincones.
> Se hinchan, crecen.
> Gestan algo.
>
> O es como si lentamente,
> desde hace mucho tiempo,
> yo digiriera algo:

se hinchan los rincones remotos,
avanzan autónomos y sobreviven.
No me puedo defender.

(…)

Otros días no,
pero hoy soy todo pasado destiñéndose
con la angustia sepia de una fotografía.
Temo el momento en que se transforme
en futuro exigente,
hinchándose con lenta digestión de ofidio
en mis maletas aún vacías
olvidadas en el desván.

"Preludio", el primer poema de la segunda sección, "Tres poemas de 1952", anuncia una pérdida, que circula fatalmente por el raíl del tiempo, y la roedura que causará en el yo: "Se dormirá tu recuerdo en el aire / dejando desnudo el nombre de las cosas"; debajo de los huesos del protagonista lírico estarán, con certero polisíndeton, "el humo y la lluvia y el dolor y el pánico"; también "se secará, esperándote, el lago que jamás vimos", "se refugiará en la tierra el escarabajo que no miramos" y, en fin, "irá muriendo la cercanía de tu contorno", sin que la esperanza formulada en el último cuarteto exima al yo poético del dolor del olvido y la injuria de la oscuridad:

Pero un día, caminando,
cuando haya estrangulado el olvido,
sentiré, sin sorprenderme, tu voz oscura
llamándome entre los versos y los nervios de que estoy tejido.

De la sinestesia que anima una de las hebras significativas más importantes del pasaje, "tu voz oscura", encontramos otros ejemplos en *Poemas de un novelista*: "palpar la mudez", "el chillido raja la oscuridad" y "la luz se palpa".

En este poema aparece otro de los tópicos reveladores de la angustia, aunque también del estoicismo, de la poesía de José Donoso: la soledad –que es "destrucción", como el olvido, según dice el antepenúltimo verso del poemario–, un sentimiento acaso vinculado al aislamiento turolense y a los múltiples destierros, físicos, políticos y literarios, del poeta: "En medio de la soledad del frío ensimismado / buscarán tus pasos las aceras y las calles". Y en el poema "Palabra", de la sección "Madrid 1979" –en la que se plasma, por otra parte, la reseñable veta metapoética de Donoso–, la vemos de nuevo emparejada con la muerte:

además de la proa triunfante
existe la soledad,

> aunque sean inválidos el océano y el silencio
> sin su hendidura.
> La muerte, en lontananza,
> las divisa e intenta huir,
> pero la retienen y la someten a juicio:
> pelucas legislativas, caobas virreinales, legajos…

A José Donoso lo conciernen los límites, como ya proclamó en *El lugar sin límites*. Son los de su casa, los del frío que la asedia, los de la distancia con el hogar y los recuerdos, los de la soledad que araña debajo de la piel, los de la carcoma del tiempo, los del cuerpo, los de la muerte. "¿Estamos completos?", se pregunta el protagonista lírico del segundo poema de la primera sección; y responde: "Sí, recuento: / hija, cuadros, perros, y la música / que determina nuestros límites". Pero también son los límites del yo, ese fardo que no dejamos de acarrear; el yo es un límite, quizá el más inexorable de todos:

> Ella [mi mano] me toca, me trae noticias
> de cuanto transita alrededor
> de este lejano límite mío
> que en buenas cuentas
> soy yo.

Pero frente a todo ello, como negación de tanta oquedad inevitable, se alza una voluntad vital, arrebatada de pálpito y deseo. Así se expresa, en fin, en el poema quinto de "Diario de invierno en Calaceite (1971–1972)":

> Mi fluencia no queda estancada
> bajo el imperio de la escarcha en los campos:
> desesperado, febril como la parra,
> busco luz, clamo sol,
> litigo con negaciones,
> mis tentáculos rompen el eclipse nominal
> y, hambriento, trepo y trepo.
>
> Algunas veces, cuando puedo,
> logro recordar el silencio:
> olvido el antiquísimo lenguaje
> del hombre que dialoga con el signo único
> que lleva grabado en los huesos.
> Entonces soy pura ansia,
> y trepo.

Sobre los autores

Álvaro Bisama (Valparaíso, 1975)

Escritor, crítico literario y profesor. Estudió Pedagogía en Castellano en la Universidad de Playa Ancha de Ciencias de la Educación. Ha ejercido como periodista en *El Mercurio de Valparaíso* y en diversos medios de Santiago, como *La Tercera* o *Zona de Contacto*. Es profesor de Expresión Escrita y Taller de Literatura en la Escuela de Periodismo de la Universidad Alberto Hurtado, y director de la Escuela de Literatura Creativa de la Universidad Diego Portales. Ha publicado novelas como *Caja negra* (2006), *Música marciana* (2008), *Estrellas muertas* (2010), *Ruido* (2012) *Taxidermia* (2014), *El brujo* (2016) o *Laguna* (2018). También el libro de cuentos *Los muertos* (2013) y otros títulos de crítica o de crónica periodística como *Postales urbanas* (2006), *Cien libros chilenos* (2008) o *Deslizamientos* (2016). En 2011 obtuvo el Premio Municipal de Literatura de Santiago y el Premio Academia de la Academia Chilena de la Lengua por *Estrellas muertas*. En 2013 fue finalista del Premio Altazor con su novela *Ruido*.

Vicente Cervera Salinas (Albacete, 1961)

Ensayista, profesor y poeta. Catedrático de Literatura Hispanoamericana en la Universidad de Murcia. Su dimensión investigadora se ha materializado en diversos ensayos y estudios sobre literatura hispanoamericana comparada, como *La palabra en el espejo* (1996), o en los vínculos entre el pensamiento filosófico y la creatividad poética: *La poesía de Jorge Luis Borges: historia de una eternidad* (1992), *La poesía del Logos* (1992), *La palabra en el espejo. Estudios de literatura hispanoamericana comparada* (1996), *El compás de los sentidos* (1998), *La Poesía y la Idea. Fragmentos de una vieja querella* (2001), *El síndrome de Beatriz en la literatura hispanoamericana* (2006) o *Borges en la ciudad de los inmortales* (2015). Ha editado la obra historiográfica de Henríquez Ureña (2007) y los cuentos de Virgilio Piñera (2008). Como poeta, su obra comprende los siguientes títulos: *De aurigas inmortales* (1993), *La Partitura* (2001), *El alma oblicua* (2003) y *Escalada y otros poemas* (2010).

Alberto Fuguet (Santiago de Chile, 1964)

Periodista, escritor y cineasta. Titulado en Periodismo por la Universidad de Chile, estuvo a cargo de la diplomatura en Cultura Audiovisual de la Universidad Alberto Hurtado. Es autor de novelas como *Mala onda* (1991), *Tinta roja* (1998), *No ficción* (2015) o *Sudor* (2016). También de los libros de cuentos *Sobredosis*

(1990), *Cortos* (2004), *Prueba de aptitud* (2006) y *Juntos y solos* (2014). Ha publicado ensayos como *Primera parte* (2000), *Las películas de mi vida* (2003), *Apuntes autistas* (2007) o *VHS (unas memorias)* (2017). Además, es autor de uno docena de guiones cinematográficos (*Mi abuelo, mi nana y yo* —1998—; *Tinta roja* —2000—; *Música campesina* —2011—, o *Cola de mono* —2018—) y ha dirigido videoclips, cortos y largometrajes. Ha obtenido premios como el Municipal de Literatura de Santiago en la categoría de Cuento por *Sobredosis* (1991), el premio al mejor largometraje chileno en el Festival Internacional de Cine de Valdivia por *Música campesina* (2011), o el de Periodismo de Excelencia 2010 en la categoría de Entrevista.

Cecilia G. Huidobro

Escritora, periodista y profesora. Magíster en Literatura en la Pontificia Universidad Católica de Chile. Actualmente es decana de la Facultad de Comunicación y Letras de la Universidad Diego Portales y directora ejecutiva de su Cátedra Abierta en Homenaje a Roberto Bolaño. Dirigió la revista universitaria de la Universidad Católica y fue editora de la *Revista de Libros* del diario *El Mercurio*. Entre otros, ha publicado los libros *Portarretrato. Entrevistas a destacados intelectuales latinoamericanos* (1993), *Joaquín Edwards Bello, un transatlántico varado en el Mapocho* (2004), y *Moneda Dura, Gabriela Mistral por ella misma* (2005). En colaboración con Paula Escobar publicó *Una historia de las revistas chilenas* (2012), y en 2013 editó *Desde la vereda de la historia, crónicas de Morla Lynch, 1917-1958*. Además, ha recopilado el trabajo periodístico de José Donoso en diferentes libros: *Artículos de incierta necesidad* (1998) y *El escribidor intruso* (2004), a los que en 2016 se sumó la obra *Diarios tempranos. Donoso in progress, 1950-1965*.

Juan Antonio González Fuentes (Santander, 1964)

Escritor, historiador y poeta. Coordinador general del Archivo Lafuente. Licenciado en Filosofía y Letras por la Universidad de Cantabria. Como poeta ha publicado *Además del final* (1998), *La luz todavía* (2003), *Atlas de perplejidad* (2004), *La lengua ciega* (2009), *Monedas sueltas* (2014), *Memoria (antología poética, 1989-2015,* con edición de Antonio Portela) (2015) y *Los días desiertos* (2019). Ha editado y antologado obras de, entre otros, José Luis Hidalgo, Felipe Boso o José Luis Castillejo. Ha coeditado trabajos como *Espacio Hierro. Medio siglo de creación poética de José Hierro* (2001), *María Zambrano, la visión más transparente* (2004), *La gracia irremediable. Álvaro Pombo, poéticas de un estilo* (2013), *Roberto Bolaño: estrella distante* (2017) o *La otra figura del agua. Estudios sobre Gonzalo Rojas* (2018). En 2015 se publicó *Una epifanía escueta. Poesía y poética de J. A. González Fuentes*, editado por P. Merlo y C. Terrasson. Es Premio de las Letras Ciudad de Santander (2016).

Dámaso López García (Madrid, 1953)

Profesor, crítico, escritor y traductor. Catedrático de literatura inglesa de la Universidad Complutense de Madrid, ha sido decano de la Facultad de Filología y actualmente es vicerrector de Relaciones Internacionales y Cooperación. Honorary Research Fellow en la Universidad de Wolverhampton, es también presidente de la Sociedad Española de Literatura General y Comparada. Especialista en la literatura inglesa del Modernismo, ha traducido, prologado y editado obras de autores como Joseph Conrad, Virginia Woolf, Lytton Strachey, R. L. Stevenson, T. S. Eliot, Paul Muldoon, Seamus Heaney, John Ashbery o Mark Strand, para editoriales como Visor, Alfaguara, Gredos o Valdemar. También ha cultivado el ensayo, figurando entre sus trabajos títulos como *Sobre la imposibilidad de la traducción* (1991), *Ensayo sobre el autor* (1993), *Teorías de la traducción* (1996), *Cinco siglos de viajes por Santander y por Cantabria* (2000). Su último libro es *Silva ilustrada. El capricho de la alameda de Osuna* (2019).

Selena Millares (Las Palmas, 1963)

Escritora, profesora y poeta. Catedrática de Literatura Hispanoamericana en la Universidad Autónoma de Madrid. Ha sido profesora en diversas universidades de Europa y América. Desde mayo de 2017 es miembro correspondiente de la Academia Chilena de la Lengua. Entre sus libros destacan los ensayos *La maldición de Scheherazade* (1997), *Rondas a las letras de Hispanoamérica* (1999), *Alejo Carpentier* (2004), *Neruda: el fuego y la fragua* (2008), *La revolución secreta* (2010) y *De Vallejo a Gelman: un siglo de poetas para Hispanoamérica* (2011). También es la editora literaria de títulos como *El señor presidente*, de Miguel Ángel Asturias (1995), *El lugar sin límites* de José Donoso (1999), *Poetas de Hispanoamérica* (1997), *Obras completas* de Juan Millares Carló (4 vols. 2007–2008) o *Prosas hispánicas de vanguardia* (2013). Como poeta ha publicado *Páginas de arena* (2003), *Cuadernos de Sassari/Quaderni di Sassari* (2013) y *Sueños del goliardo. Poemas pintados* (2013). También es autora de la novela *El faro y la noche* (Premio Internacional de Literatura Antonio Machado 2014).

Eduardo Moga (Barcelona, 1962)

Poeta, traductor y crítico literario. Licenciado en Derecho y Doctor en Filología Hispánica por la Universidad de Barcelona. Entre otros, ha traducido a Frank O'Hara, Carl Sandburg, Charles Bukowski, Arthur Rimbaud, William Faulkner o Walt Whitman. Ejerce la crítica literaria en revistas como *Letras Libres*,

Cuadernos Hispanoamericanos, *Revista de Occidente*, *Ínsula*, *Quimera* o *Turia*. Desde 2003 hasta 2012 codirigió la colección de poesía DVD. Entre 2016 y 2018 fue director de la Editora Regional de Extremadura y coordinador del Plan de Fomento de la Lectura en dicha región. Como poeta ha publicado más de una veintena de títulos, entre ellos: *La luz oída* (Premio Adonais, 1995), *El barro en la mirada* (1998), *Las horas y los labios* (2003), *Insumisión* (International Latino Book Award, 2014), *Muerte y amapolas en Alexandra Avenue* (2017) o *Mi padre* (2019). También es autor de varios libros de viaje, de crítica literaria y antologías de poesía, por ejemplo, *Medio siglo de oro. Antología de la poesía contemporánea en catalán* (2014), *Apuntes de un español sobre poetas de América (y algunos de otros sitios)* (2017), *El mundo es ancho y diverso* (2018).

HISPANO-AMERICANA

GESCHICHTE, SPRACHE, LITERATUR

Herausgegeben von

Walther L. Bernecker, Elmar Eggert, Javier Gómez-Montero, Luz Elena Gutiérrez de Velasco Romo, José M. Navarro de Adriaensens, Dieter Reichardt, Friedhelm Schmidt-Welle, Angela Schrott und Jan-Henrik Witthaus

Band 1 Jorge Hernández Eduardo: Verba dicendi. Kontrastive Untersuchungen Deutsch – Spanisch. 1993.

Band 2 Kerstin Schimmel: Straßenkinder in Bolivien. Darstellung und Problematisierung vorhandener Betreuungsangebote unter besonderer Berücksichtigung der Lebensbedingungen der Straßenkinder in Cochabamba. 1994.

Band 3 Jesús Irsula Peña: Substantiv – Verb – Kollokationen. Kontrastive Untersuchungen Deutsch – Spanisch. 1994.

Band 4 Irene Prüfer: La traducción de las partículas modales del alemán al español y al inglés. 1995.

Band 5 Marita Kohmäscher: Harmonie und Gegenseitigkeit. Kontinuität der Wertvorstellungen bei den Indios in den peruanischen Anden. 1995.

Band 6 Michael Förch: Zwischen utopischen Idealen und politischer Herausforderung. Die Nicaragua-Solidaritätsbewegung in der Bundesrepublik. Eine empirische Studie. 1995.

Band 7 Rosa María Sauter de Maihold: *Del silencio a la palabra* - Mythische und symbolische Wege zur Identität in den Erzählungen von Carlos Fuentes. 1995.

Band 8 Angela Bartens: Die iberoromanisch-basierten Kreolsprachen. Ansätze der linguistischen Beschreibung. 1995.

Band 9 Norman Meuser: Nation, Staat und Politik bei José Antonio Primo de Rivera. Faschismus in Spanien? 1995.

Band 10 Babette Kaiserkern: Carlos Fuentes, Gabriel García Márquez und der Film. Kritische Untersuchungen zur Geschichte und Phänomenologie des Films in der Literatur. 1995.

Band 11 Manfred Böcker: Ideologie und Programmatik im spanischen Faschismus der Zweiten Republik. 1996.

Band 12 Michael Herzig: Der Chaco-Krieg zwischen Bolivien und Paraguay 1932 – 1935. Eine historisch-strukturelle Analyse der Kriegsgründe und der Friedensverhandlungen. 1996.

Band 13 Rudolf Häuptli: Pioniere der wirtschaftlichen und sozialen Entwicklung im brasilianischen Nordosten. Die Wasserkraftgesellschaft des São Francisco – Pionierphase, Expansion und Umbruch (1948-1974). 1996.

Band 14 Natascha Rodrigues: Das Interview in der spanischen Presse. Formen, Arbeitsmethoden, Absichten und Möglichkeiten zur Manipulation. 1996.

Band 15 Antonio Sommavilla: Wirtschaft und Gesellschaft im Wandel: Argentinien. 1996.

Band 16 Thomas Fischer: Die verlorenen Dekaden. "Entwicklung nach außen" und ausländische Geschäfte in Kolumbien 1870-1914. 1997.

Band 17 Markus Glatz: Schweizerische Einwanderer in Misiones. Ein Beispiel ausländischer Siedlungskolonisation in Argentinien im 20. Jahrhundert. 1997.

Band 18 Walther L. Bernecker (Hrsg.): Die Schweiz und Lateinamerika im 20. Jahrhundert. Aspekte ihrer Wirtschafts- und Finanzbeziehungen. Mit Beiträgen von Branka Fluri, Annina Jegher, Martin Kloter, Peter Marbet. 1997.

Band 19 Peter Fleer: Arbeitsmarkt und Herrschaftsapparat in Guatemala 1920-1940. 1997.

Band 20 Elias Kopf: Abhängige Wirtschaft, Politik und Korruption. Die Erste Kubanische Republik 1909 – 1925. 1998.

Band 21 Kathrin Bergenthal: Studien zum *Mini-Boom* der *Nueva Narrativa Chilena*. Literatur im Neoliberalismus. 1999.

Band 22 Helga Gemegah: Die Theorie des spanischen Jesuiten José de Acosta (ca. 1540-1600) über den Ursprung der indianischen Völker aus Asien. 1999.

Band 23 Manfred Böcker: Antisemitismus ohne Juden. Die Zweite Republik, die antirepublikanische Rechte und die Juden. Spanien 1931 bis 1936. 2000.

Band 24 Claudia Cabezón Doty: Literatur und Film Lateinamerikas im intermedialen Dialog. Einführung in die Geschichte der verflochtenen Wechselbeziehungen zwischen Literatur und Film Lateinamerikas seit 1960. 2000.

Band 25 Axel Javier Navarro Ramil: Manuel Vázquez Montalbán auf Deutsch: Ein Autor und vier Übersetzer. Das *Andere* in den Zieltexten. 2000.

Band 26 Roquelina Beldarraín Jiménez: Das Kubaspanisch. Lexikalische Entwicklung seit der Revolution und ihre deutschen Entsprechungen. 2002.

Band 27 Ramona Majka: Die Moderne und die *Violencia*. Zur Gesellschafts-, Konflikt- und Ideologiegeschichte Kolumbiens. 2001.

Band 28 Luis Martín: Phraseologie im zweisprachigen Wörterbuch Deutsch-Spanisch. 2001.

Band 29 Cecilia López Roig: Aspectos de fraseología contrastiva (alemán-español) en el sistema y en el texto. 2002.

Band 30 Benedikt Behrens: Ein Laboratorium der Revolution. Städtische soziale Bewegungen und radikale Refompolitik im mexikanischen Bundesstaat Veracruz, 1918-1932. 2002.

Band 31 Matthias Schmidt-Eule: Chiapas 1994-2001. Analyse eines Konfliktes im Süden Mexikos. 2002.

Band 32 Eva Gugenberger (ed.): Comunicación intercultural en América Latina: ¿Del conflicto al diálogo? 2003.

Band 33 Reiner Kornberger: Zion und der Zionismus in der jüdisch-argentinischen Literatur. 2003.

Band 34 Mechthild Blumberg: Spiritualität, Leidenschaft und obszöne Provokation. Zur Dialektik zwischen Methaphysik und Körperlichkeit in Prosa und Lyrik der brasilianischen Autorin Hilda Hilst. 2004.

Band 35 León E. Bieber: Pugna por Influencia y Hegemonía. La rivalidad germano-estadounidense en Bolivia. 1936–1946. 2004.

Band 36 Mary Mac-Millan: El intersticio como fundamento poético en la obra de Julio Cortázar. 2005.

Band 37 Sören Brinkmann: Der Stolz der Provinzen. Regionalbewußtsein und Nationalstaatsbau im Spanien des 19. Jahrhunderts. 2005.

Band 38 Georg Wink: Die Idee von Brasilien. Eine kulturwissenschaftliche Untersuchung der Erzählung Brasiliens als vorgestellte Gemeinschaft im Kontrast zu Hispanoamerika. 2009.

Band 39 Caroline Silva-Garbade: Determinants of National IMF Policy. A Case Study of Brazil and Argentina. 2011.

Band 40 Uwe Besch: Simón Bolívar und die venezolanische Nation 1999-2006. Bedeutung Simón Bolívars für Venezuela im Allgemeinen und für die nationale Identität Venezuelas im Besonderen. 2011.

Band 41 Ana Luengo / Sabine Schlickers (eds.): La reinvención de Latinoamérica. Enfoques interdisciplinarios desde las dos orillas. 2012.

Band 42 Daniel Stosiek: Entwicklungs- und Menschenrechtsvorstellungen von unten. Eine vergleichende Untersuchung anhand ausgewählter Beispiele indigener Bevölkerung. 2012.

Band 43 Óscar García Agustín: Discurso y autonomía zapatista. La institucionalización de la rebeldía. 2013.

Band 44 Javier Gómez-Montero (ed.). Coordinación adjunta a la edición: Jimena Hernández Alcalá: Imaginarios jacobeos entre Europa y América. 2014.

Band 45 Sven Schuster: Die Inszenierung der Nation. Das Kaiserreich Brasilien im Zeitalter der Weltausstellungen. 2015.

Band 46 Kari Soriano Salkjelsvik / Felipe Martínez-Pinzón (eds.): Revisitar el costumbrismo. Cosmopolitismo, pedagogías y modernización en Iberoamérica. 2015.

Band 47 Vicente Bernaschina / Tobias Kraft / Anne Kraume (Hrsg.): Globalisierung in Zeiten der Aufklärung. Texte und Kontexte zur »Berliner Debatte« um die Neue Welt (17./18. Jh.). 2015.

Band 48 Sabine Schlickers: La conquista imaginaria de América: crónicas, literatura y cine. 2015.

Band 49 José M. Navarro de Adriaensens: Interlinguale Paronyma. Eine Deutsch-Spanische Sammlung. Unter Mitarbeit von Beatriz Navarro Ramil. 2016.

Band 50 Patrick Eser / Jan-Henrik Witthaus (Hrsg.): Memoria – Postmemoria. Die argentinische Militärdiktatur (1976-1983) im Kontext der Erinnerungskultur. 2016.

Band 51 Martin Franzbach: Sozialgeschichte der spanischen Literatur in Deutschland. 2016.

Band 52 Corinna Deppner: Wissenstransformationen in fiktionalen Erzähltexten. Literarische Begegnungen mit jüdischer Erinnerungskultur im Werk von Jorge Luis Borges, Mario Vargas Llosa und Moacyr Scliar. 2016.

Band 53 Luis Carlos Toro Tamayo (ed.): Narrativas de la Memoria. Aproximaciones desde el campo de los archivos y los lugares de la memoria. 2017.

Band 54 Johanna Umbach: Missionarische Weiblichkeit und Identitätskonstruktion. Die Chile-Mission der Menzinger Kreuzschwestern im frühen 20. Jahrhundert. 2017.

Band 55 Regina Samson: Innovation und Tradition: Der junge Borges und die Avantgarde. Literarische Entwürfe zwischen europäischer und argentinischer Moderne. 2017.

Band 56 Sandra Patricia Arenas Grisales (ed.): Memoria política en perspectiva Latinoamericana. 2018.

Band 57 Bettina Thode: La traducción audiovisual y el polimorfismo del español. *South Park* aquende y allende del Atlántico. 2018.

Band 58 Maía E. Osorio Soto (ed.): Discursos y prácticas en la vida y en la obra de Santa laura Montoya Upegui (Jericó 1874–Medellín 1949). 2018.

Band 59 Sebastian Krumpel: Alexander von Humboldt – Zwischen Europa und Amerika. Eine inhaltliche Untersuchung des Essai politique sur le royaume de la Nouvelle-Espagne unter Berücksichtigung seiner intertextuellen Bezüge. 2018.

Band 60 Marco Thomas Bosshard / Laura Morgenthaler García (eds.): Zonas de contacto en el mundo hispano. Enfoques interdisciplinarios. 2019.

Band 61 Luz Stella Castañeda Naranjo: Investigación lingüística en Colombia. Interacción, escritura académica y lexicografía. 2018.

Band 62 Angela Schrott / Jan-Henrik Witthaus (eds.): Crisis e identidad. Perspectivas interdisciplinarias desde América Latina. 2019.

Band 63 Adelso L. Yánez Leal: Vinculaciones y desencuentros de la novela latinoamericana contemporánea. 2019.

Band 64 Roland Spiller / Thomas Schreijäck (eds.) en cooperación con Pilar Mendoza, Elisabeth Rohr y Gerhard Strecker: Colombia: memoria histórica, posconflicto y transmigración. 2018.

Band 65 Andrea Gremels / Susana Sosenski (eds.): Violencia e infancias en el cine latinoamericano. 2019.

Band 66 Edwin Carvajal Córdoba / Ana María Agudelo Ochoa/ Félix Antonio Gallego Duque (eds.): Tomás Carrasquilla. Nuevas lecturas críticas de su obra literaria. 2019.

Band 67 Carmen Luna Sellés / Rocío Hernández Arias (eds.): Más allá de la frontera. Migraciones en las literaturas y culturas hispano-americanas. 2019.

Band 68 María E. Osorio Soto / Juan Fernando Taborda Sánchez (eds.): Literatura, diálogos y redes trasatlánticas. 2019.

Band 69 Juan Antonio González Fuentes / Dámaso López García (eds.): Donoso después de Donoso. 2019.

www.peterlang.com